Liebe Leser:innen,

wir freuen uns, dass wir mit diesem Buch Teil Ihrer kulinarischen Reise sein dürfen. Noch mehr Inspiration, köstliche Anregungen und kreative Erlebnisse finden Sie auf unserer Verlagsseite **www.stiebner.com**.

Treten Sie mit uns in Kontakt!
Wir sind immer offen für Ihre Anregungen, Wünsche und Kritik – schreiben Sie uns gerne unter **verlag@stiebner.com**.

Da geteilte Freude bekanntlich doppete Freude ist: Zeigen Sie uns Ihre kulinarischen Kreationen auf Social Media! Markieren Sie uns mit **@stiebnerverlag** oder nutzen Sie die folgenden Hashtags:
#StiebnerVerlag #StiebnerGenuss #MittagsGutKochen

ISBN 978-3-8307-1063-9

Text und Rezepte: Cina Risberg
Fotografie: Ulrika Pousette
Übersetzung aus dem Schwedischen: Christine Heinzius
Lektorat und Produktmanagment der deutschen Ausgabe: Dr. Verena Stindl
Cover- und Layoutgestaltung: Danai Afrati
Gedruckt bei BALTO print, Litauen

FSC www.fsc.org MIX Papier aus verantwortungsvollen Quellen FSC® C107574

Bibliografische Information der Deutschen Nationalbibliothek:
Die Deutsche Nationalbibliothek verzeichnet diese Publikation in der Deutschen Nationalbibliografie; detaillierte bibliografische Daten sind im Internet über http://dnb.dnb.de abrufbar.

Wir produzieren unsere Bücher mit großer Sorgfalt und Genauigkeit. Trotzdem lässt es sich nicht ausschließen, dass uns in Einzelfällen Fehler passieren. Auf unserer Webseite finden sich bei dem jeweiligen Titel eventuelle Korrekturen (Errata). Sollten Sie in diesem Buch einen Fehler finden, so bitten wir um einen Hinweis an verlag@stiebner.com. Für solche Hinweise sind wir sehr dankbar, denn sie helfen uns, besser zu werden.

www.stiebner.com

CINA RISBERG

MITTAGS GUT KOCHEN

GESUND GENIESSEN OHNE RESTE

für eine Person

stiebner

INHALT

GLEICH NACH DEM FRÜHSTÜCK fange ich schon an, mein Mittagessen zu planen. Denn es ist das Ziel und die Belohnung für die Arbeit am Vormittag. Obwohl ich schon seit gut 15 Jahren als Selbstständige zu Hause arbeite, hat sich das nie verändert. Beim Mittagessen bin ich allein zu Hause. Ich koche und esse, worauf ich Lust habe, und während des Essens mache ich, was ich will. Das ist »meine« Zeit. Eigentlich nicht verwunderlich, dass ich mich darauf freue …

Als dann die Pandemie dazu führte, dass viele Leute im Homeoffice arbeiteten, fehlte ihnen sowohl Inspiration als auch Zeit dafür, sich etwas anderes zuzubereiten als irgendwas aus der Mikrowelle. Da habe ich meinen Blog »Lunch hemma« (Mittagsessen zu Hause) begonnen, um zu beweisen, dass Mittagessen einfach super ist und man es zeitlich schafft, etwas zu kochen, zu essen und eine Pause zu machen.

Ein großer Vorteil des Mittagessens zu Hause ist, dass man dadurch weniger Essen wegwirft. Ich hoffe, dass Sie Essensreste und das schlappe Gemüse ganz anders sehen, nachdem Sie dieses Buch gelesen haben, nämlich als ein Buffet voller guter Dinge, aus denen man mit ein paar einfachen Kniffen richtig umwerfende Mittagessen machen kann, die den Alltag ohne großen Aufwand aufpeppen. Wenn es einfach zuzubereiten ist, hat man auch mehr Zeit, das Essen zu genießen. Vielleicht kann man sogar mal einen Freund einladen? Mittagessen mit Freunden mag ich wirklich sehr und empfehle es unbedingt, deswegen gibt es auch ein ganzes Kapitel mit Gerichten, die sich für viele zubereiten lassen. Aber natürlich lassen sich alle Gerichte auf mehrere Portionen hochrechnen und eignen sich als Mittag- wie als Abendessen.

Es sind die kleinen Tricks, durch die man auch im Alltag richtig gut essen kann. Dabei geht es um gute Gewürze, die man immer zu Hause haben sollte, geschickte Abkürzungen und natürlich um einen schön gedeckten Tisch. Ich finde, das einfachste Gericht sollte auf dem feinsten Teller serviert werden. Last but not least: Denken Sie daran, das Wochenende am Freitag mit einer besonderen Leckerei einzuläuten, einem tollen Dessert oder einem Drink, egal was, es sollte das Wochenendgefühl verstärken und für eine gute Woche belohnen. Denn wer sollte das tun, wenn nicht Sie?

ICH LIEBE RESTE

EIN HOCH AUF DIE NACHTRUHE! Viele Gerichte schmecken nach einer Nacht im Kühlschrank einfach besser. Aber eine übrige Portion Pasta oder Eintopf verschwindet meistens direkt, wenn z. B. ein Teenager auf der Suche nach Snacks ist. Dann muss ich oft etwas Neues aus kleinsten Resten erfinden. Nicht, dass ich etwas dagegen hätte. Kleine Reste sind die Grundlage praktisch all meiner Mittagessen und inspirieren mich oft dazu, etwas Neues zu kreieren.

Ich hebe alles auf! Sogar ein paar Esslöffel Reis, trockenes Brot und den kleinsten Rest Käse. Oft werden genau diese Reste zum gewissen Extra bei meinem Mittagessen. Altes Brot wird zu knusprigen Croutons in Suppen und Salaten. Aus dem Käse kann Pesto werden und der Reis mit etwas Mais und einem Ei zu einem kleinen Puffer.

Meine leckersten Mittagessen entstehen meistens am Donnerstag. Dann habe ich ein kleines Buffet aus Resten in einem ansonsten leeren Kühlschrank, die ich zusammenstellen kann. Genauso läuft es: Ich stelle Schüsseln und Schalen hin und nehme, was zusammenpasst, verbinde es mit etwas Zusätzlichem, das sich schnell zubereiten lässt. Wenn man viele unterschiedliche Dinge hat, dann kann es helfen, wenn man die durch einen Geschmack verbindet. Sagen wir, es sind Reis, Avocado und schwarze Bohnen – das alles passt gut zu Chili, Koriander, Kreuzkümmel und Limette. Diese Aromen halten sozusagen das Gericht zusammen. Das Mittagessen wird ein bisschen mexikanisch und deutlich interessanter als einfach nur Reis mit schwarzen Bohnen und Avocado.

Ich achte normalerweise darauf, am Abend immer schon etwas mehr zuzubereiten. Der Trick ist, es VOR dem Servieren beiseitezulegen. Das verhilft mir schon lange dazu, dass ein halbes Mittagessen immer schon fertig ist.

Reispuffer mit Tonkatsu-Sauce und Kohlsalat

Ich habe ziemlich oft einen kleinen Rest Reis im Kühlschrank – gerade so viel, dass es keine ganze Portion mehr ist, aber wegwerfen will ich ihn auch nicht. Wenn es Ihnen genauso geht, dann lautet mein Tipp, ihn mit altem Brot und einem Ei zu mischen, und schwuppdiwupp haben Sie knusprige Reispuffer, die ideal sind, um sie in Tonkatsu-Sauce zu dippen. Diese japanische Sauce ist nicht nur schnell gemacht, sie passt auch zu so viel, dass man sie am besten immer im Kühlschrank hat.

1 PORTION

80 g gekochter Reis
1 Ei
1 EL fein geriebenes, trockenes Brot, alternativ Panko oder Semmelbrösel
60 g Spitzkohl
1½ EL Mayonnaise
1 TL Reisessig (funktioniert auch ohne)
1 EL japanische Sojasauce
½ TL Sesamöl
Öl zum Braten
2 EL Tonkatsu-Sauce (S. 82)
1-2 EL Sesam
1 Frühlingszwiebel, gehackt
Salz und schwarzer Pfeffer

SO GEHT'S

Reis, Ei und Brot in einer Schüssel mischen und stehen lassen, während man den Rest vorbereitet.

Den Spitzkohl fein reiben. Mayonnaise, Reisessig, Sojasauce und Sesamöl in einer Schüssel zu einem Dressing vermischen und den Spitzkohl hineingeben.

In einer Pfanne das Öl stark erhitzen. Aus der Reismischung kleine Puffer formen, den Herd auf mittlere Hitze herunterschalten und die Puffer auf beiden Seiten goldbraun anbraten.

Anrichten und Tonkatsu-Sauce über die Puffer gießen. Etwas Sesam und gehackte Frühlingszwiebel darüberstreuen. Nach Geschmack salzen und pfeffern.

VARIANTE

Süße Chilisauce oder Hoisin-Sauce statt Tonkatsu-Sauce:

Überbackene Kartoffel mit Mais und Jalapeños

Für übrig gebliebene gekochte Kartoffeln ist dieses Rezept mein absoluter Favorit, denn hier dürfen sie sich im Ofen mit geschmolzenem Käse und süßem, knackigem Mais vereinen. Eine kleine Auflaufform macht es einfacher, aber wenn Sie keine haben, können Sie bei einem Stück Backpapier die Kanten hochklappen und an den Ecken verdrehen. Fast alles passt als Salat dazu, aber ich mag es, wenn es etwas in Richtung Guacamole ist.

1 PORTION

1 Jalapeño
2 mittelgroße, gekochte Kartoffeln
1 kleine Dose Mais (160 g)
ca. 50 g geriebener Käse
5 Cocktailtomaten
½ Avocado
¼ rote Zwiebel
1 TL Limettensaft
½ EL Olivenöl
1 EL frisch gehackter Koriander
Salz und schwarzer Pfeffer

SO GEHT'S

Den Backofen auf 225 °C vorheizen und die Form vorbereiten – entweder mit Backpapier auslegen oder mit Olivenöl einfetten.

Die Jalapeño in dünne Scheiben schneiden. Die Kartoffeln mit den Händen zerteilen, sodass kleine und große Stücke entstehen. Die Kartoffeln mit dem Mais und der Hälfte der Jalapeño in der Form mischen. Salzen und pfeffern und den Käse gleichmäßig darüber verteilen, gern so, dass etwas davon in die Lücken zwischen den Kartoffeln und dem Mais dringt.

Etwa 15 Minuten im Ofen überbacken, bis der Käse schmilzt und etwas Farbe annimmt.

Währenddessen Tomaten und Avocado grob hacken, die rote Zwiebel würfeln und dann Limettensaft und Olivenöl darübergießen. Mit Koriander und der restlichen Jalapeño mischen.

VARIANTEN

» *Frühlingszwiebel statt rote Zwiebel.*
» *Gurke anstatt Avocado.*

GUT VORBEREITET!
Stellen Sie den Wecker, damit Sie den Ofen eine Weile vor dem Mittagessen anschalten.

Kokosreis mit Huhn und Avocado

Ich mag es, aus Resten etwas ganz Neues zu machen. Braten Sie übrig gebliebenen Reis doch mal zusammen mit Kokosraspeln. Dadurch bekommt er einen ganz neuen Geschmack, was interessanter ist, als ihn einfach nur zu erwärmen. Außerdem achte ich darauf, immer etwas Huhn im Gefrierschrank zu haben (s. Tipp).

1 PORTION

Öl zum Braten
80 g gekochter Reis
20 g Kokosraspel
ca. 70 g gekochtes Hühnerfleisch
1½ EL japanische Sojasauce
1 TL Sesamöl
1 TL Reisessig
½ Avocado
1 Frühlingszwiebel
Salz und schwarzer Pfeffer

SO GEHT'S

In einer mittelgroßen Pfanne das Öl stark erhitzen. Den Reis hineingeben und auf mittlere Hitze herunterschalten. Die Kokosraspel einstreuen und zusammen mit dem Reis 2–3 Minuten anbraten, dann in der Pfanne zur Seite schieben.

Das Huhn in die Pfanne geben und 2 Minuten braten, währenddessen Sojasauce, Sesamöl und Reisessig mischen. Die Sojasaucenmischung über das Huhn geben und noch 1 Minute braten.

Die Pfanne beiseitestellen und Avocado und Frühlingszwiebel klein schneiden.

In einer Schüssel anrichten. Frühlingszwiebeln und eventuell 1 TL gerösteten Sesam darüberstreuen. Nach Geschmack salzen und pfeffern.

VARIANTE

Fertige Teriyaki-Sauce statt Sojasauce, Sesam und Reisessig.

GUT VORBEREITET!

Ein paar Hühnerbrüste in leicht gesalzenem Wasser 15 Minuten kochen. Aus dem Wasser nehmen, mit Backpapier bedecken und mit einem Nudelholz vorsichtig etwas plätten, damit sich das Fleisch leicht auseinanderziehen lässt. Einzelne Portionen in Tüten geben und einfrieren.

BROTRESTE

BROT NIE WEGWERFEN!

So, da steht es. Ich kann gar nicht genug darauf hinweisen, was für eine Verschwendung das ist. Auch wenn das Brot nicht mehr superfrisch ist, kann man daraus nämlich noch so viel machen. Es kann als Würze dienen, als Konsistenzgeber, Panade, Salatzutat, Saucenaufsauger und noch vieles mehr.

MACHEN SIE'S WIE DIE ITALIENER

Italiener sind Experten darin, altes Brot zu verwerten. Im Brotsalat Panzanella etwa mischt man Brot mit Dressing und Tomaten, und schon saugt es alles Leckere auf. Oder es darf die gute Bouillon für eine Minestrone in sich aufnehmen. Dafür braucht man nun wirklich kein frisch gebackenes Brot.

SCHIMMLIGES BROT IST NUTZLOS

Die Kunst besteht darin, das Brot nicht schimmeln zu lassen, und dafür gibt es unterschiedliche Möglichkeiten. Wenn es nur um ein oder zwei Tage nach dem Backen geht, kann das Brot ruhig in einer Plastik- oder Papiertüte liegen. Dann ist das Brot immer noch recht weich, man kann daraus gut Croutons machen oder es zum Gratinieren oder als Toast verwenden. Aber dann sollte man das Brot trocknen. Dafür darf es nicht in einer Tüte bleiben, sonst schimmelt es. Am besten eignen sich Gefäße aus Ton oder Steingut.

GEWÜRZTE SEMMELBRÖSEL

Aus trockenem Brot mache ich gern Semmelbrösel, oder noch besser – gewürzte Brösel! Gut geeignete Gewürze sind Chili, Knoblauch, Zitronenabrieb und verschiedene Kräuter. Einfach das Brot in einer Küchenmaschine zermahlen und dann die Würze dazugeben. Danach lässt man es auf einem Teller oder einem Tablett bei Zimmertemperatur trocknen. Wenn es ganz trocken ist, hält es sich sehr lang. Ich habe immer mehrere Würzvarianten in kleinen Gläsern bereitstehen.

… UND ANDERE DELIKATESSEN

Gratinierte Zwiebelsuppe! Dafür braucht man einen »Deckel« aus Brot (Scheiben oder Würfel) auf jeder Suppenschale und Käse.

Eine andere Idee: den Käse auf trockene Brotscheiben reiben und diese bei 225 °C im Ofen backen, um sie dann über einem Salat zu zerbrechen.

Semmelbrösel gemischt mit Ei eignen sich super, um Puffer jeglicher Art zusammenzuhalten. Im nächsten Rezept nutze ich zum Beispiel das Brot, um die Maispuffer zu binden.

Und dann gibt es natürlich noch Croûtons. Dafür das Brot in kleine Stücke schneiden und in Butter oder Öl braten. Unschlagbar in einem Caesar Salad!

Maispuffer mit Avocado und Tomate

Kennen Sie diese Brotrinde, die niemand haben will? Werfen Sie sie nicht weg! Sie ist perfekt, um daraus knusprige Maispuffer zu machen. Dieses Rezept ist so einfach und lecker. Je nachdem, wie trocken das Brot ist, kann es sinnvoll sein, es eine Weile im Ei ziehen zu lassen. Je kleiner die Stücke, umso schneller hat es die Flüssigkeit aufgesogen.

1 PORTION

1 Ei
40 g trockenes, fein zerbröseltes Brot
1 kleine Dose Mais (160 g)
50 g geriebener Halloumi
2 große Tomaten oder
ca. 10 Cocktailtomaten
½ Avocado
1 Frühlingszwiebel
1 EL gehackter frischer Koriander
½ EL Zitronen- oder Limettensaft
Olivenöl fürs Dressing und zum Braten
1 Prise Chiliflocken
Salz und schwarzer Pfeffer

SO GEHT'S

Zunächst das Ei mit einer Gabel verquirlen und die Brösel unterrühren. Beiseitestellen.

Den Mais abgießen und mit geriebenem Halloumi in die Ei-Semmelbrösel-Mischung geben. Mit einer Prise Salz und schwarzem Pfeffer abschmecken. Beiseitestellen, während der Tomatensalat zubereitet wird.

Tomaten, Avocado und Frühlingszwiebel klein schneiden. Den Koriander fein hacken und alles in einer Schüssel mischen.

Zitronen- bzw. Limettensaft und 1 EL Olivenöl sowie Chiliflocken dazugeben. Mit Salz abschmecken und über den Tomatensalat geben.

Eine mittelgroße Pfanne mit Olivenöl stark erhitzen. Auf mittlere Hitze schalten und je 2 EL Maisteig pro Puffer in die Pfanne geben und mit dem Löffel leicht andrücken. Auf beiden Seiten goldbraun und knusprig anbraten.

VARIANTEN

» Statt Halloumi eine andere Käsesorte nehmen.
» Das Brot durch Panko oder Semmelbrösel ersetzen.

Origanum
Salvia

Schwarzkohlsalat mit Ei, Roggencroûtons und Dill

Viele glauben, dass man nur Weißbrot zum Kochen verwenden kann. Aber das stimmt nicht. Dunkles Brot, zum Beispiel verschiedene Sorten Roggenbrot, lassen sich super braten und haben auch noch mehr Geschmack als das weiße Brot. In diesem Rezept wird eine Gurke gepresst, das ist vielleicht schon etwas für Fortgeschrittene, aber ein bisschen Essigessenz und Salz machen die Gurke gleich viel interessanter.

1 PORTION

¼ Gurke
1 TL Essigessenz
1 Ei
3-4 Blätter Schwarzkohl
Olivenöl
1-2 Scheiben Roggenbrot
Salz

Für das Dressing

1 EL türkischer Joghurt
1 EL Mayonnaise
1 EL gehackter frischer Dill
Salz und schwarzer Pfeffer

SO GEHT'S

Die Gurke dünn hobeln und in eine kleine Schüssel geben. Eine Prise Salz darüberstreuen, die Essigessenz darauf gießen, mit Frischhaltefolie abdecken und etwas zum Pressen daraufstellen, zum Beispiel einen Mörser. Wenn Sie nichts Passendes haben, dann drücken Sie alles mit der Hand zusammen.

In einem kleinen Topf Wasser aufkochen. Wenn es kocht, das Ei vorsichtig hineingeben und die Küchenuhr auf 6 Minuten stellen.

In der Zwischenzeit den Schwarzkohl waschen und die mittlere Rippe entfernen. ½ EL Olivenöl darübergießen und ordentlich in die Blätter einkneten.

In einer Pfanne etwas Öl stark erhitzen. Das Brot in mundgerechte Stücke schneiden und in die Pfanne geben, die Hitze etwas reduzieren und 3–4 Minuten braten, bis das Brot Farbe angenommen hat. Beiseitestellen.

Nun Joghurt, Mayonnaise und Dill mischen. Mit Salz und Pfeffer abschmecken.

Das fertig gekochte Ei herausnehmen und in eiskaltes Wasser geben. Auf dem Teller Kohl, Brot, gepresste Gurke und Dressing anrichten. Das Ei schälen und teilen, zum Salat geben und mit Salz und Pfeffer abschmecken.

WÜRZTIPP

Wenn Sie Öl von Anchovis oder eingelegtem, gegrilltem Gemüse übrighaben, dann spritzen Sie es beim Braten übers Brot – ich verspreche, dass es klasse schmeckt.

Backofenfrittata mit Brot und Brokkoli

Essen, das man einfach in eine Form gießen und in den Ofen stellen kann, ist doch genial. Da kann fast nichts schiefgehen! Bei dieser Frittata (ja, ich finde, man kann es durchaus Frittata nennen) kann man ziemlich große Brotstücke nehmen. Denken Sie nur daran, je trockener sie sind, umso länger müssen sie in der Eiermischung ziehen. Wenn Sie keine kleine Auflaufform haben, kann man auch eine Kastenform für Kuchen benutzen. Oder Sie nehmen einfach die große Form, machen zwei Portionen und laden jemanden zum Mittagessen ein.

1 PORTION

etwas Butter für die Form
2 Eier
200 ml Milch
2–3 Scheiben Brot
ca. 100 g Brokkoli
75 g geriebener Käse
Salz und schwarzer Pfeffer

SO GEHT'S

Den Backofen auf 225 °C vorheizen und eine Backofenform mit Butter einfetten.

Eier und Milch in einer Schüssel mischen, eine Prise Salz und schwarzen Pfeffer dazugeben.

Das Brot und den Brokkoli in ungefähr gleich große Stücke teilen und in die Auflaufform legen.

Die Eiermischung darübergießen, den geriebenen Käse darauf verteilen und 5–10 Minuten stehen lassen, während der Ofen aufheizt.

Die Frittata ca. 20 Minuten im Ofen backen, bis sie eine schöne Farbe angenommen hat. Herausnehmen und ein paar Minuten stehen lassen, damit das Ei ganz stockt.

ABWASCH-SPARTIPP
Es ist immer praktisch, Brokkoli- oder Blumenkohlröschen im Gefrierschrank zu haben. Dann braucht man nicht mal mehr Messer und Schneidebrett.

Risoni-Grünkohl-Salat mit Semmelbröseln

Wenn Sie es auch lieben, wenn alles im Salat klein und leicht zu kauen ist, dann ist das hier was für Sie. Grünkohl hat ja selbst etwas Kauwiderstand, aber man kann ihn entschärfen, ohne ihn zu kochen. Dafür hacken wir ihn nicht nur in kleine Stückchen, sondern kneten ihn auch, bis er weicher wird.

1 PORTION

75 g Risoni-Nudeln
2 große Blätter Grünkohl
1½ EL Olivenöl
½ Knoblauchzehe
35 g Walnüsse
¼ Zitrone
20 g geriebener Parmesan
2 EL Semmelbrösel
Salz und schwarzer Pfeffer

SO GEHT'S

1 Liter Wasser mit 1 EL Salz zum Kochen bringen. Die Risoni hineingeben und nach Packungsangabe kochen.

Den Grünkohl waschen und die mittlere Rippe entfernen. ½ EL Olivenöl darübergießen und ordentlich in die Blätter einkneten. Dann die Blätter so klein hacken, wie es nur geht (ca. 1 x 1 cm).

Knoblauch und Walnüsse fein hacken. Die Zitronenschale abreiben, den Parmesan reiben und alles mit den Semmelbröseln mischen.

Die fertigen Risoni mit kaltem Wasser abspülen und mit Grünkohl und Semmelbröseln in eine Schüssel geben. Gut mischen und 1 EL Olivenöl darübergießen, die Zitrone darüber auspressen und nach Geschmack salzen und pfeffern.

SCHNIPPEL-SPARTIPP

Inzwischen kann man vorbereiteten Grünkohl im Salatfach oder auch tiefgekühlt kaufen, und wenn Sie Sachen nicht gern klein schneiden, können Sie auch die Küchenmaschine oder den Mixer einsetzen.

KÄSERESTE

Sie werden schon bald merken, dass in so ziemlich jedem meiner Rezepte Käse vorkommt. Ich bin eine Expertin darin, auch noch das letzte Restchen Käse zu verbrauchen. Bei mir finden Sie nie vergessene, verschimmelte Käsereste.

Käse ist so viel: Er ist salzig, säuerlich, nussig, fett und cremig, und mir fällt nichts ein, wozu er nicht passt. Er ist einfach die beste Würze der Welt. Wenn man ansonsten eher langweilige Zutaten hat, dann ist Käse die Universallösung, daher achte ich immer darauf, Käse zur Hand zu haben.

Schmeißen Sie auch die Rinde nicht generell weg: Die Rinde von natürlich gereiftem Käse ist essbar, und wenn sie es nicht ist, muss das auf der Verpackung angegeben sein.

Mein bester Tipp ist, das letzte Stückchen zu reiben, sobald der Käse zur Neige geht, und den geriebenen Käse einzufrieren. Ich mische alle möglichen Käsesorten in derselben Box. Bisher ist dabei immer etwas Spannendes herausgekommen. Mein zweitbester Tipp: den harten Rand von Parmesan in Suppen und Saucen mitkochen.

Und diese Leckereien kann man auch noch aus Käseresten machen:

PARMESANCHIPS

Parmesanchips sind super einfach und wirken sehr raffiniert. Aus 1 EL geriebenem Parmesan wird ein Chip.
Man kann sie im Backofen machen: Ein Blech mit Backpapier auslegen, den geriebenen Käse in kleinen Häufchen darauf geben und 5 Minuten bei 175 °C im Ofen backen.
Wenn Sie nur einen Chip brauchen, können Sie den Käse auch bei mittlerer Hitze in der Pfanne auslassen und zum Abkühlen auf ein Stück Backpapier geben.

ÜBERBACKEN

Geschmolzenen Käse auf alles! Das kann nie verkehrt sein. Reiben Sie den Käse in und über das Gericht, denn man will ja lange Käsefäden haben und gebräunten Käse obendrauf. Die beste Ofentemperatur fürs Überbacken sind 200 °C.

WÜRZEN

Käse hat so viele Geschmacksrichtungen, und jede Käsesorte wiederum seine ganz eigenen. Wenn ich eine Suppe mit Kartoffeln oder Mais koche, dann will ich noch etwas Scharfes haben, das sich vom Milden und Süßen abhebt. Dafür eignet sich Käse am besten. Feta lässt sich zum Beispiel super in die Suppe bröseln.

EINFRIEREN

Käse kann man, wie gesagt, gut einfrieren und sogar gut gefroren essen. Etwas geriebener gefrorener Feta auf einem Salat ist eine Geschmackssensation. Noch spannender wird es auf einem Stück Melone oder einer Erdbeere. Probieren Sie es mal!

QUESADILLAS

Eine Quesadilla kann alles Mögliche enthalten, aber funktioniert niemals ohne Käse – das sagt ja bereits der Name. Es gibt allerdings keinerlei Regeln, welche Käsesorten es sein sollen, nehmen Sie also, was Sie dahaben – und davon nicht zu knapp! Ein Rezeptbeispiel finden Sie auf S. 33.

SANDWICHES

Suchen Sie mal im Internet Bilder mit den Stichworten »Sandwich« und »Comfort Food«. Lauter geschmolzene Käsefäden zwischen dicken Scheiben Sauerteigbrot! Machen Sie Ihre Sandwiches im Ofen, im Sandwichtoaster oder in der Pfanne. Alles geht, aber natürlich muss Käse rein. Er ist der Kitt, der das Sandwich zusammenhält.

Zucchini-Bohnen-Puffer mit Tomatensauce

Trockenes Brot und Käsereste kommen nirgendwo so gut zur Geltung wie in einem Puffer. Da sind sie nämlich absolut notwendig. Das Brot, um die Feuchtigkeit aufzusaugen und alles knusprig zu machen, und der Käse für den Geschmack und um alles zusammenzuhalten. Praktisch alle Gemüsesorten, die sich raspeln lassen, eignen sich für Puffer. Deswegen sind sie ideal für die Resterettung.

1 PORTION
½ Zucchini (ca. 140 g)
60 g Semmelbrösel
140 g weiße Bohnen
50 g geriebener Käse
Olivenöl zum Braten
1 Knoblauchzehe
100 g passierte Tomaten
Salz und schwarzer Pfeffer

SO GEHT'S
Die Zucchini raspeln und mit den Händen etwas ausdrücken. Die Zucchini und die Semmelbrösel mischen.

Die Bohnen mit einer Gabel zerdrücken und unter die Zucchinimischung rühren. Den Käse hinzufügen, alles gut mischen und mit Salz und Pfeffer abschmecken.

Etwas Olivenöl in einem kleinen Topf erhitzen. Die Knoblauchzehe hineinreiben und bei mittlerer Hitze 1 Minute braten. Die passierten Tomaten dazugeben, salzen und pfeffern. Auf kleinster Stufe köcheln lassen.

1 EL Olivenöl in einer Bratpfanne erhitzen. Aus der Zucchinimischung Puffer formen, in die Pfanne geben und flach drücken. Bei mittlerer Hitze braten, bis die Puffer ordentlich Farbe angenommen haben. Wenden und die andere Seite ebenfalls braten.

Auf einem Teller anrichten und die Tomatensauce zum Dippen nicht vergessen.

VARIANTE
Alle Bohnenarten passen gut in die Puffer. Und wenn Sie nur Linsen zu Hause haben, probieren Sie es ruhig mal mit denen.

FREITAGSLECKEREI

NICECREAM AUS BANANA NON GRATA

Meine Familie liebt Bananen, aber nur bis zum ersten kleinen, braunen Fleck. Dann wird daraus eine »Banana non grata«. Zum Glück kann man sie dann noch auf viele andere Arten verwerten, etwa in Smoothies. Wenn Sie braun gewordene Bananen in Scheiben einfrieren, müssen Sie keine mehr wegwerfen – und man kann ratzfatz eine Leckerei daraus zaubern, nämlich Banana Nicecream. Dazu braucht man: 1 gefrorene Banane, 1 TL geriebene Schokolade und 1 EL gehackte geröstete Haselnüsse. Die gefrorene Banane in einem Mixer oder mit einem Pürierstab glatt pürieren, in eine Schale geben und mit Schokolade und Nüssen bestreuen.

Thunfisch-Quesadilla

Quesadillas gehören zum besten Comfort Food überhaupt. Außerdem sind sie optimal, um diverse Reste zu verarbeiten, mit denen man sonst nichts anzufangen weiß. Aber wie der Name schon sagt, kann man sie nicht ohne Käse zubereiten. Dabei ist es nicht sonderlich wichtig, welche Käsesorte Sie wählen, aber irgendein Hartkäse sollte es sein, damit er nicht davonläuft. Ich liebe Thunfisch-Sandwiches und dachte, das geht doch genauso gut mit einer Tortilla. Außerdem lässt es sich so perfekt mit den Händen essen, ohne dass es allzu viel Sauerei gibt.

1 PORTION

1 Dose MSC-zertifizierter Thunfisch in Öl (ca. 150 g)
2 Weizentortillas
1 EL gehackte Petersilie
1 EL gehackte Kapern
130 g geriebener Käse (wenn schon, dann richtig!)
½ TL Chiliflocken
1 EL Olivenöl

SO GEHT'S

Das Öl vom Thunfisch abgießen, den Fisch auf einer Tortilla verteilen und mit Petersilie, Kapern, Käse und Chiliflocken bestreuen. Die andere Tortilla darauflegen.

In einer Pfanne, in die die Tortilla passt, das Öl erhitzen. Die Quesadilla hineingeben und auf mittlere Hitze reduzieren. Braten, bis der Fladen etwas Farbe angenommen hat und der Käse zu schmelzen beginnt. Durch den geschmolzenen Käse hält beim Wenden alles zusammen.

Die Quesadilla wenden und 1–2 Minuten von der anderen Seite braten. Vierteln und genießen!

FREITAGSLECKEREI

EIN SPRITZIGER DRINK

Wasser in allen Ehren, aber manchmal muss es einfach etwas »Pfiff« haben – und damit meine ich nicht unbedingt Alkohol, sondern auch Kombucha oder ein alkoholfreies Bier. Zum Wohl!

Schummelminestrone mit gerettetem Parmesanrand

Was an diesem Gericht geschummelt ist? Eigentlich gar nicht viel, was den Geschmack angeht. Ich habe allerdings die Zubereitungszeit stark verkürzt, indem ich fertig gekochte Linsen genommen habe, weniger Gemüse und das nicht mal geschnitten, sondern gerieben habe. Das geht verflixt schnell. Was die Suppe zu einer echten Geschmacksbombe macht, ist der mitgekochte Parmesanrand. Sie wissen schon, der, der zum Reiben zu hart ist. In der Suppe wird er weich und gibt viel Geschmack ab.
Wenn ich Suppe koche, dann immer eine extra Portion. Einerseits, weil ich das Gemüse und die Tomatenpackung ganz verbrauchen will, andererseits, weil Suppe das Beste ist, was man im Kühl- oder Gefrierschrank haben kann.

2 PORTIONEN

1 große Karotte
1 Zwiebel
1 Knoblauchzehe
2 EL Olivenöl
1 Dose gehackte Tomaten (ca. 400 g)
½ TL Chiliflocken
2 TL Hühnerbrühe
1 Stück Parmesanrinde
200 g Pasta einer kleinen Sorte, z. B. Risoni
200 g rote Linsen, gekocht
Salz und schwarzer Pfeffer

SO GEHT'S

Karotte, Zwiebel und Knoblauch reiben.

Das Olivenöl in einem 2-Liter-Topf erwärmen. Das Gemüse hineingeben, auf mittlere Hitze herunterschalten und 2 Minuten anbraten, bis die Zwiebel weich und glasig wird.

Gehackte Tomaten, Chiliflocken und 800 ml Wasser dazugeben. Die Brühe und die Parmesanrinde hineingeben und alles aufkochen.

Wenn die Suppe kocht, die Pasta hineingeben und die Suppe ohne Deckel so lange kochen, wie die Pasta braucht. Gerne auch eine Minute länger. In den letzten 5 Minuten die Linsen dazugeben.

Mit Salz und Pfeffer abschmecken. Ich lasse die Käserinde in der Suppe. Solange noch Suppe übrig ist, gibt sie Geschmack ab.

VARIANTEN

» *Die Linsen kann man durch jede Bohnensorte ersetzen.*
» *Zucchini anstatt Karotte.*

Tomatensuppe mit Mac-and-Cheese-Topping

Diese Suppe ist ein Favorit bei mir zu Hause. Nicht nur, weil man sie warm und kalt essen kann, sondern auch, weil sie aus mindestens drei Zutaten bestehen sollte, die sonst schnell weggeworfen werden: trockenem Brot, den Nudeln von gestern und diesen Käseresten, mit denen man sonst nicht viel anfangen kann (S. 28). Man kann ganz einfach auch etwas mehr zubereiten, und weil man sie ohne Nudeln auch kalt essen kann, ist sie ideal für zwei Tage hintereinander.

2 PORTIONEN

Olivenöl zum Braten und zum Servieren
1 Zwiebel
1-2 Knoblauchzehen
1 Dose gehackte Tomaten (ca. 400 g)
2 TL Gemüsebrühe
1 Prise Chiliflocken
1 Scheibe trockenes helles Brot
½ EL Essig oder Zitronensaft
Salz und schwarzer Pfeffer

Für das Topping

1 EL geriebener Käse pro Portion
1 EL gekochte Nudeln pro Portion

SO GEHT'S

In einem Topf 2 EL Olivenöl erhitzen.

Die Zwiebel und den Knoblauch grob hacken. Die Zwiebel bei mittlerer Hitze glasig werden lassen, das dauert ca. 2 Minuten. Tomaten, 200 ml Wasser, Brühe und Chiliflocken hinzugeben und aufkochen.

Das Brot in große Stücke teilen und in die Suppe geben. Zugedeckt mindestens 5 Minuten kochen lassen oder bis zu 15 Minuten, je nachdem, was zur Mittagspause passt.

Während die Suppe kocht, den geriebenen Käse gleichmäßig in einer kalten Pfanne verteilen und die Nudeln darübergeben, dann die Pfanne erhitzen. Ohne zu rühren anbraten, bis der Käse geschmolzen ist, Farbe bekommen hat und die Nudeln darin kleben. Das dauert ca. 3–4 Minuten bei relativ hoher Hitze. Die Nudeln aus der Pfanne heben und in Stücke teilen.

Die Suppe vom Herd nehmen und mit dem Pürierstab pürieren. Mit Essig oder Zitronensaft, Salz und Pfeffer abschmecken. Die Mac-and-Cheese-Stücke darauflegen und vor dem Servieren Olivenöl darübergießen.

VARIANTEN

» *An warmen Sommertagen wie eine Gazpacho mit Eiswürfeln servieren.*
» *Als Topping Brotstückchen mit Käse anbraten.*
» *Kräuter, die gut dazu passen, sind Oregano, Basilikum, Petersilie, Minze und Thymian.*

SCHLAPPES GEMÜSE

Fast jeder hat irgendein einsames, vergessenes Gemüse im Kühlschrank liegen. Rote Bete, die übrig geblieben ist, weil man laut Rezept nur vier brauchte, Sie aber fünf hatten. Oder die Karotte, die aus der Tüte gerutscht und jetzt schon bedenklich schlapp ist. Aber solange das Gemüse nicht faul ist, ist der Geschmack immer noch in Ordnung, auch wenn etwas Spannung fehlt. Manchmal kann man es wieder in Schwung bringen: Spargel, Karotten, Salat – das meiste erholt sich in einem eiskalten Bad. Tomaten, deren Schale schon an Rosinen erinnert, sind perfekt zum Braten, für den Ofen oder eine Tomatensauce. Und ganz allgemein erwachen alle Gemüsesorten in einer Suppe zu neuem Leben.

MIX AND SAVE

Hacken, braten oder rösten, backen oder kochen und dann zusammenmixen: Das ist mein bester Tipp für schlappes Gemüse. Das kann man mit fast allen Gemüsearten machen, und heraus kommt ein Dip, den man unter die Pasta mischen oder dünn auf Toast, eine Quesadilla oder einen Pizzateig streichen kann. Solche Dips passen auch gut als cremiges Highlight in einen Salat oder ganz einfach zu einem Stück Fleisch. Auf Seite 74/75 finden Sie Würzmittel, die ein Dip aufpeppen können. Als Faustregel verleihen Nüsse Textur, Käse sorgen für Salz, Kräuter geben Geschmack, und Zitrone und Essig steuern Säure bei. Ein paar meiner Lieblingsdips stehen auf Seite 133.

CHIPS ZUM MITTAGESSEN

Wenn Sie einen Gemüsehobel haben, empfehle ich, aus schlappem Wurzelgemüse (Pastinaken, Karotten, Beten) und (Süß-) Kartoffeln Chips zu machen. Meist hat man es ja nur mit einem Gemüsestück auf einmal zu tun, dann geht es schnell. Ich brauche ca. 5 Minuten, um Chips aus Roter Bete zu machen: die Bete dünn hobeln, in einer Pfanne so viel Öl erhitzen, dass der Boden bedeckt ist, die dünnen Scheiben hineinlegen und auf beiden Seiten frittieren, bis die Kanten sich kräuseln. Auf Küchenpapier legen und salzen. Das ist ein leckeres und knuspriges Extra im Salat oder ein Topping für eine Suppe. Oder essen Sie die Chips einfach so mit ein bisschen Käse darauf.

GEMÜSEPUFFER ALS RESTERETTER

Denken Sie daran, je kleiner die Stücke, umso kürzer die Garzeit. Gemüsehobel oder -reibe sind die Lösung. Schlappes Gemüse zu reiben und es zum Beispiel mit Ei und Reis- oder Brotresten zu mischen, ist eine Abkürzung zu ultraleckeren Gemüsepuffern. Ich halte mich hier an die Devise »alles Gute kann vermischt werden«.

Gnocchi mit Rote-Bete-Pesto

Von außen sehen Rote-Bete-Knollen immer etwas trist aus, und wenn sie weich werden, umso mehr. Aber tatsächlich sind sie fast unbegrenzt haltbar, solange sie nicht zu feucht aufbewahrt werden und faulen. Manchmal finde ich, dass Rote Bete einen zu erdigen Geschmack hat. Der Trick ist dann, sowohl Salz also auch Säure zuzugeben. Etwas, das beides enthält und dazu auch noch den Geschmacksträger Fett, ist Parmesan. Wieso also nicht ein Pesto aus dieser Roten Bete machen? Je kleiner die Stücke sind, umso schneller sind sie gar.

1 PORTION
1 mittelgroße Rote-Bete-Knolle
1 Knoblauchzehe
100 g frische Gnocchi
40 g geriebener Parmesan
35 g Mandeln
2-3 EL Olivenöl
Salz und schwarzer Pfeffer

SO GEHT'S
Ca. 250 ml Wasser in einem kleinen Topf zum Kochen bringen, 1 TL Salz dazugeben.

Die Rote Bete schälen und in kleine Würfel schneiden. Zusammen mit der geschälten Knoblauchzehe kochen lassen, bis beides weich ist, das dauert ca. 5 Minuten.

In einem anderen Topf Wasser und Salz für die Gnocchi aufkochen.

Die Rote-Bete-Würfel und den Knoblauch in eine Schüssel legen, in der man gut mischen kann. Dann Parmesan, Mandeln und Olivenöl dazugeben und alles zu einer Creme verrühren. Mit Salz und Pfeffer abschmecken.

Die Gnocchi nach Packungsangabe kochen und dann mit dem Pesto vermischen. Gerne noch ein paar zusätzliche Mandeln zum Knabbern daraufstreuen.

VARIANTEN
» Haselnüsse oder Cashewkerne anstatt Mandeln.
» Feta anstatt Parmesan.

Blumenkohlreis mit Halloumi und Paprika

Ich weiß nicht, wer die Idee für Blumenkohlreis hatte, aber es war ein Geniestreich. Einmal, weil selbst der schlimmste Blumenkohlskeptiker ihm nicht widerstehen kann, und dann, weil er schnell zuzubereiten ist und eine geschickte Art, einen Blumenkohl, der schon weich wird, zu verarbeiten. Ich liebe es, wenn mein Halloumi knusprig braun ist, daher zerbreche ich ihn in viele kleine Stücke. Für das gewisse Extra bei diesem ansonsten so milden Gericht gebe ich ein Kräuteröl mit ein bisschen Jalapeño dazu.

1 PORTION

¼ Blumenkohlkopf
(oder was Sie eben haben)
½ Halloumi
½ rote Paprika
1-2 EL Kräuteröl (S. 82)
Salz und schwarzer Pfeffer

SO GEHT'S

In einem Topf 1 Liter Wasser mit 1 TL Salz zum Kochen bringen. Den Blumenkohl reiben und ins kochende Wasser geben. Von der Herdplatte ziehen und nach 1 Minute in ein Sieb abschütten.

Eine kleine Pfanne erhitzen. Wenn Sie eine beschichtete Pfanne verwenden, brauchen Sie kein Fett. Den Halloumi etwas abtrocknen, in Stücke brechen und in die Pfanne geben. Anbraten, bis er rundum goldbraun ist.

Den Salat mit Blumenkohl, Paprika, Halloumi und Kräuteröl anrichten. Nach Geschmack salzen und pfeffern.

VARIANTEN

» *Tomate anstatt Paprika.*
» *Pesto anstatt Kräuteröl.*

ZEITSPAR-TIPP

Nicht zur Resteverwertung, aber praktisch: Einige Bio-Marken haben geriebenen Blumenkohl tiefgefroren im Programm.

Pasta mit Karottenpesto

Dieses Pesto lässt sich toll aus rohen Karotten zubereiten, aber wenn Sie es milder haben wollen, dann kochen Sie sie einfach zusammen mit den Nudeln. Das ist Geschmackssache und hängt auch davon ab, ob Sie einen Pürierstab haben oder nicht. Es ist egal, welchen Käse Sie nehmen, es funktioniert auch eine wilde Mischung aus unterschiedlichen Resten. Und wenn Sie etwas Bacon übrighaben, dann können Sie ihn braten und auf der Pasta verteilen

1 PORTION

1 große Karotte
50 g Käse, gerieben
70 g Haselnüsse (geröstet oder ungeröstet)
½ Knoblauchzehe (optional)
2-3 EL Olivenöl
100 g Pasta nach Wahl
2 Scheiben Bacon (optional)
1 EL gehackte Petersilie zum Garnieren
Salz und schwarzer Pfeffer

SO GEHT'S

Das Nudelwasser aufkochen und ordentlich Salz hineingeben.

Die Karotte schälen und in Scheiben schneiden. (Wenn Sie sie kochen wollen, dann schneiden Sie sie, nachdem sie eine Weile gekocht hat.) Mit Käse, Nüssen, Knoblauch und Olivenöl in eine Schüssel geben. Halbwegs glatt rühren und mit Salz und Pfeffer abschmecken. Wenn das Pesto cremiger sein soll, geben Sie mehr Öl dazu.

Die Nudeln nach Packungsangabe kochen.

Während die Nudeln kochen, kann man den Bacon braten. Zwischen zwei Lagen Küchenkrepp geht das in der Mikrowelle schnell und spart die Pfanne.

Das Nudelwasser abgießen und die Pasta mit dem Pesto vermischen. Mit Petersilie, schwarzem Pfeffer und ein paar Tropfen Olivenöl sowie eventuell Bacon garnieren.

ZEITSPAR-TIPP

Spart Zeit, auch beim Abspülen: Karotte und Pasta in einem Topf kochen!

DAS KOCHT SICH VON ALLEINE

NATÜRLICH KOCHT SICH kein Mittagessen von alleine. Aber in diesem Kapitel habe ich Rezepte versammelt, bei denen der eigene Einsatz minimal ist, denn die Zeit erledigt die Arbeit. Während Ihr Mittagessen im Ofen oder auf dem Herd vor sich hin köchelt, können Sie andere Dinge tun. Und wir wissen ja, dass mehr Garzeit auch mehr Geschmack bedeuten kann. Für diese Methode braucht es allerdings ein bisschen Vorausplanung. Der Backofen sollte schon frühzeitig aufgeheizt werden – und zwar bevor der Blutzuckerspiegel schon zu tief gesunken ist.

Wenn es um Zeitersparnis geht, ist es auch sinnvoll, möglichst wenig abspülen zu müssen und alles auf demselben Teller, im selben Topf oder in derselben Form zuzubereiten. Wenn möglich, koche ich alle Zutaten im selben Wasser, zum Beispiel Nudeln und Gemüse.

Ich liebe eine gute Suppe zu Mittag. Es ist so einfach, das Gemüse, das man zu Hause hat, klein zu schneiden und mit ein paar Löffeln Brühe zu kochen. Eine Suppe kann im Grunde gar nicht zu lange kochen. Alles von 10 Minuten bis zu 1 Stunde geht. Oft püriere ich meine Suppe, dann spielt es auch keine Rolle, ob das Gemüse zu weich geworden ist.

Ansonsten ist der Backofen der beste Freund für Gerichte, die sich von alleine kochen. Oder braten und backen. Der Vorteil vom Überbacken im Ofen ist die knusprig braune Oberfläche, dieses kleine Gemüsestückchen oder die Nudel, die ganz oben extra Farbe bekommt. (Und es riecht nicht nach Bratfett.) Wenn man das Mittagessen vorbereiten, aber nicht ganz fertig zubereiten will, kann man mit einer relativ niedrigen Temperatur, ca. 150 °C beginnen und es bis zur Essenszeit drin lassen. Bei dieser Temperatur verbrennt es nicht, es sei denn, Sie vergessen es komplett. Wenn Sie dann noch diese braune Kruste haben wollen, schalten Sie einfach den Grill für ein paar Minuten ein, bevor sie alles herausnehmen.

Kartoffeln von gestern mit Feta und Tomate

Es ist immer eine gute Idee, ein paar Kartoffeln mehr zu kochen, wenn Sie Abendessen machen. Besonders, wenn Sie am nächsten Tag zum Mittagessen ein bisschen Comfort Food brauchen. Ich habe die Erfahrung gemacht, dass Feta und Kartoffeln, die im Backofen schön braun geworden sind, das meiste Elend kompensieren können. Das Gericht braucht allerdings etwas Zeit, auch wenn der Aufwand ansonsten minimal ist. Schalten Sie also den Backofen 1 Stunde vor dem Mittagessen an.

1 PORTION

2–3 gekochte Kartoffeln (je nach Größe)
2 EL Olivenöl
1 Handvoll Cocktailtomaten
1 EL gehackter, frischer Oregano oder ½ TL getrockneter Oregano
½ Feta (ca. 75–100 g)
Salz und schwarzer Pfeffer

SO GEHT'S

Eine Stunde vor dem Mittagessen: Den Backofen auf 225 °C vorheizen. Die gekochten Kartoffeln in der Mitte durchbrechen, sodass sie eine unregelmäßige und weiche Oberfläche haben. In eine Auflaufform mit Olivenöl geben und die Kartoffeln darin wälzen, bis sie überall Öl abbekommen haben.

Die Tomaten klein schneiden und zu den Kartoffeln in die Form geben. Salzen, pfeffern und mit Oregano würzen. Für 30 Minuten in den Ofen stellen.

Nach 30 Minuten herausnehmen und den Feta darüberbröseln, dann wieder in den Ofen stellen.

Die Kartoffeln noch ca. 15 Minuten im Ofen lassen. Alles sollte Farbe angenommen haben und knusprig sein.

FREITAGSLECKEREI

EIN GEMÜTLICHES GLAS SEKT

Wenn wir schon beim Thema Gemütlichkeit sind, würde ich empfehlen, den Sekt nicht nur für Tage mit hohen Absätzen und Krawatten zu reservieren. In gemütlichen Hosen und Stricksocken schmeckt er genauso gut. Und denken Sie daran: Geteilter Genuss ist doppelter Genuss!

Salat mit Gelber Bete, Nektarine und Mozzarella

Wie soll sich das hier von alleine machen, fragen Sie sich jetzt wahrscheinlich. Ja, gut, ein bisschen müssen Sie schon noch vorbereiten, aber die meiste Arbeit erledigt auch hier wirklich die Zeit. Die Vorbereitungen dauern gerade mal 5 Minuten. An Obst im herzhaften Essen scheiden sich die Geister, aber probieren Sie es mal. Beten haben einen erdigen Geschmack, und Mozzarella ist sahnig. Eine säuerliche Nektarine ergänzt das gut und wirkt wunderbar harmonisierend. Wenn Sie lieber eine rein herzhafte Variante möchten, können Sie gleich noch etwas halbtrockenes Brot verarbeiten und es in Öl zu Croûtons braten.

1 PORTION

2 Gelbe-Bete-Knollen
2–3 EL Olivenöl zum Braten und fürs Dressing
½ Nektarine
½ Tüte Salat oder Kohl nach Wahl (ca. 70 g)
1 TL Balsamicoessig
1 Mozzarella
Salz und schwarzer Pfeffer
Chiliflocken

SO GEHT'S

Den Backofen auf 220 °C vorheizen.

Die Gelbe Bete waschen, die Spitze und den Blattansatz abschneiden und dann samt der Schale in Spalten schneiden.

Die Spalten auf ein Backblech legen und etwas Olivenöl und eine Prise Salz daraufgeben. Ca. 25 Minuten im Backofen garen. Das Gemüse soll ganz weich werden.

In der Zwischenzeit die Nektarine in Spalten schneiden und zusammen mit dem Salat in einer Schüssel anrichten.

Für das Dressing 1 EL Öl mit dem Essig mischen, mit einer Prise Salz und einer Prise schwarzem Pfeffer würzen.

Wenn die Bete gar ist, herausnehmen und auf den Salat legen. Das Dressing darübergießen und mischen.

Den Mozzarella mit den Fingern zerteilen, auf den Salat geben, ein paar Chiliflocken darüberstreuen und zum Schluss den Mozzarella mit Olivenöl beträufeln.

VARIANTE

Die Nektarinen gegen Trauben austauschen.

Käserestepasta mit Zucchini

Essen aus dem Backofen ist einfach klasse, besonders wenn Käse dabei ist. Das hier ist echte Resteverwertung. Man kann jeden Käse verwenden oder auch mehrere Sorten mischen, wenn Ihr Kühlschrank das hergibt. Wenn der Käse sich dem Ende zuneigt, reibe ich ihn und sammle alle möglichen Sorten in einer Tüte. Heben Sie die im Gefrierschrank auf und nehmen Sie sie für solche Gerichte.

1 PORTION

Olivenöl für die Form und zum Servieren
½ Zucchini
100 g gekochte Nudeln
50 g geriebener Käse
30 g Semmelbrösel
Schale einer ½ Zitrone
Salz und schwarzer Pfeffer

SO GEHT'S

Den Backofen auf 225 °C vorheizen und eine kleine Backofenform einfetten.

Die Zucchini grob reiben, mit der Pasta und der Hälfte des Käses direkt in der Form mischen. Salzen und pfeffern. Die Brösel und den restlichen Käse darüberstreuen und in den Ofen stellen. Ca. 20 Minuten überbacken, bis der Käse Farbe bekommt.

Aus dem Ofen nehmen, mit Olivenöl beträufeln und die Zitronenschale darüberreiben. Mit Salz und Pfeffer abschmecken.

EINE EINZELPORTION IM OFEN ZUBEREITEN

Auflaufformen für nur eine Portion sind schwierig zu finden. Ich benutze oft eine normale Kastenform, die ich mit Backpapier auslege. Dann klappe ich es an einer Seite hoch, sodass es genau passt. Damit das Backpapier nicht wieder umfällt, legte ich eine kleine Kugel aus Alufolie dahinter.

Maissuppe mit Jalapeños

In einem Restaurant würde man die Maisschalen aus dieser Suppe heraussieben, aber um solche Feinheiten kümmern wir uns in der Mittagspause nicht. Ein paar Ballaststoffe sind gesund, und der Geschmack ist sowieso derselbe. Je länger die Suppe kocht, umso weniger muss man kauen. Mais ist süß, deswegen passen etwas Salz und Schärfe perfekt in diese Suppe.

1 PORTION

Olivenöl zum Braten
½ Zwiebel oder Lauch
1 Kartoffel
1 kleine Dose Mais (160 g)
1 TL Hühnerbrühe
50 g Feta
1 Jalapeño
Salz und schwarzer Pfeffer

SO GEHT'S

In einem 1,5 Liter fassenden Topf etwas Olivenöl erwärmen.

Die Zwiebel in grobe Stücke schneiden und im Öl bei mittlerer Hitze glasig dünsten. Die Kartoffel schälen und würfeln.

Kartoffel und Mais in den Topf tun. Die Brühe und ca. 300 ml Wasser dazugeben. Jetzt kann alles zugedeckt bis zu 30 Minuten kochen, aber mindestens 10 Minuten.

In der Zwischenzeit den Feta stückeln und die Jalapeño in dünne Ringe schneiden.

Überprüfen Sie, ob die Kartoffeln weich sind, bevor Sie die Suppe vom Herd nehmen. Pürieren Sie sie mit einem Pürierstab direkt im Topf. Mit Salz und Pfeffer abschmecken.

In eine Schüssel geben und mit Feta und Jalapeño bestreuen.

VARIANTE

Wenn Sie keinen Feta haben, nehmen Sie etwas anderes, das salzig und würzig ist, zum Beispiel ein Stückchen scharfe Wurst.

Kartoffel-Zwiebel-Suppe mit Wurstresten

Auch wenn ich sage, dass der Kühlschrank leer ist, habe ich doch immer noch Kartoffeln und Zwiebeln zu Hause. Diese Zutaten halten sich lange, und man braucht sie für vieles. Etwas anderes, das ich immer aufhebe, ist dieser letzte Wurstzipfel, den niemand essen will. Der ist perfekt, um eine so schlichte Suppe zu würzen. Dieses Rezept ist so einfach, daher finde ich es schade, wenn man nicht gleich mehrere Portionen für einen weiteren Tag kocht. Oder warum nicht einen Freund einladen?

2 PORTIONEN

1 Zwiebel
1 EL Öl
5 Kartoffeln
2 TL Hühnerbrühe
Wurstreste
Salz und schwarzer Pfeffer

SO GEHT'S

Die Zwiebel in grobe Stücke schneiden und im Öl bei mittlerer Hitze in einem 1,5-Liter-Topf glasig und weich dünsten. Währenddessen die Kartoffeln schälen und würfeln.

Die Kartoffeln in den Topf tun und so viel Wasser dazugeben, dass sie und die Zwiebeln gerade bedeckt sind, ca. 500 ml.

Die Brühe hineinstreuen und alles 15 Minuten zugedeckt kochen lassen. Vom Herd nehmen und überprüfen, ob die Kartoffeln weich sind.

In der Zwischenzeit die Wurstreste klein würfeln und in einer Pfanne braten, bis sie Farbe bekommen haben und knusprig sind.

Die Suppe mit einem Pürierstab pürieren. Eventuell noch etwas Flüssigkeit bis zur gewünschten Konsistenz dazugeben. Mit Salz und Pfeffer abschmecken.

VARIANTEN

» *Peppen Sie die Suppe mit Resten von Frischkäse, Sahne, Crème fraîche oder Joghurt auf.*
» *Anstatt Wurst Bacon benutzen oder gebratenen Halloumi.*

CHICKEN FLAVOR
CHICKEN FLAVOR
CHICKEN FLAVOR

SCHUMMELN UND ABKÜRZEN

ICH BIN ABSOLUT FÜR ABKÜRZUNGEN, wenn sie nötig und lecker sind. Beim Mittagessen spielt ja die Zeit oft eine große Rolle. Durch Ausprobieren habe ich eine Reihe Fertigprodukte entdeckt, die gut schmecken, leicht zu variieren und schnell zuzubereiten sind.

Frische Pasta, Fladenbrot und Falafel sind bei mir oft die Grundlage des Mittagessens. Besonders Falafel nutze ich für Burger, Quesadillas, Salate, Wraps und mehr. Ich habe aufgegeben, sie selber zu machen. Die fertigen sind so gut, dass sie zu meinen Lieblingsschummeleien gehören.

An fertige Kräutermischungen denken Sie wahrscheinlich nicht, wenn es um Fertigprodukte geht, aber im Grunde sind sie das. Rote Currypaste, Harissa, Kimchi und diese kleinen Gewürztütchen für Instantnudeln, bei all dem hat jemand anderes die Arbeit erledigt. Sie sind perfekt als Abkürzung zu ganz viel Geschmack.

Fertige Kräutermischungen sind auch eine gute Chance, Aromen aus anderen Teilen der Welt kennenzulernen. Gerade wenn man häufiger vegetarisch essen möchte, sind solche Gewürzmischungen eine inspirierende Möglichkeit. Rotes Curry, Kokosmilch, Gemüse und Nudeln werden zu einer tollen Suppe, die an die südostasiatische Laksa erinnert.

Ajvar ist eine Sauce, die vor allem aus Paprika und Auberginen besteht, zwei Gemüsesorten, die durch eine zeitintensive Zubereitung so lecker werden. Es gibt scharfen und milden Ajvar. Ich nutze ihn oft als Alternative zu tomatenbasierte Saucen, und er ist der beste Ersatz für die leckere Muhammara-Würzpaste (Rezept auf S. 101).

Ein anderes Fertigprodukt, das sich vielseitig einsetzen lässt, ist Pesto. Es würzt ein Omelett, passt auf Sandwiches oder in die Tomatensauce. Apropos Tomatensauce, frische Pasta ist ein echter Lifehack, wenn es schnell gehen muss. Mit ein bisschen Tomatenmark, Kräutern und Parmesan hat man in Nullkommanichts ein leckeres Mittagessen.

Fertigsuppe mit Käsecroûtons

Manchmal ist es bequem, eine fertige Suppe zu kaufen oder die von gestern noch mal warm zu machen. Aber das muss ja nicht automatisch ein langweiliges Mittagessen bedeuten. Suppe ist wirklich lecker, aber ich finde, um richtig satt zu werden, braucht man etwas mehr. Das kann natürlich ein Butterbrot sein, aber da wir Mittagessen zum Resteverwerten machen, nehmen Sie also diese eine Scheibe Brot, die immer übrig bleibt, bedecken sie mit allen möglichen Käseresten und überbacken alles. Hab ich schon erwähnt, dass ich wirklich gerne mit Käse überbacke?

1 PORTION
Olivenöl
2 Brotscheiben
75 g geriebener oder gehobelter Käse
Fertigsuppe nach Wahl
(oder Suppe von gestern)
1 EL Kräuteröl (S. 82)

SO GEHT'S
Den Backofen auf 220 °C vorheizen.

Ein Backblech mit Backpapier auslegen und mit Öl bestreichen. Das Brot in mundgerechte Stücke brechen und mit einer dicken Schicht Käste bedecken.

Das Brot 10–15 Minuten im Ofen überbacken, bis der Käse schmilzt und etwas Farbe annimmt.

Während das Brot überbacken wird, die Suppe aufwärmen. Wenn das Brot fertig ist, etwas Kräuteröl und das Käsebrot auf die Suppe geben.

FREITAGSLECKEREI

ROCKY ROAD

Wenn Sie 200 g dunkle oder helle Schokolade haben, dann sicher auch noch alles andere, was man für eine Rocky Road braucht. Zum Beispiel 3–4 Vollkornkekse, verschiedene Nüsse und Samen, Popcorn, Cornflakes, Reiscrispies, Rosinen, getrocknete Datteln, Feigen, Aprikosen oder Cranberrys. Mischen Sie Ihre Auswahl an Zutaten in einer Schüssel. Schmelzen Sie die Schokolade vorsichtig in der Mikrowelle und gießen Sie sie über die Mischung. Alles verrühren und auf Backpapier ausbreiten. Kühlstellen bis die Schokolade fest geworden ist.

Schummelramen mit Huhn und Chiliöl

Echte Ramennudeln sind wirklich lecker, aber wir wissen, dass alles »Echte« normalerweise auch lange braucht. Nichts geht über eine hausgemachte Brühe, aber wenn man die nicht hat, muss man sich halt Instantnudeln und der wunderbaren Welt des Glutamats zuwenden. Und zusammen mit dem vorbereiteten Huhn von S. 16 macht dieses Gericht ziemlich satt. Ein gutes Chiliöl oben drauf – und fertig ist das Schummelramen. Wenn Sie noch Gemüse dazu möchten, passen Spinat, Sprossen oder Pak Choi.

1 PORTION
1 Pckg. Instantnudeln
100 g gekochtes Hühnerfleisch
1 EL Chiliöl (S. 82)
1 Frühlingszwiebel
1 EL frischer Koriander

SO GEHT'S
Die Nudeln nach Packungsangabe kochen und auch die Gewürze aus der Packung einstreuen. Wenn das Hühnerfleisch tiefgefroren ist, kann man es zum Auftauen einfach mit zu den Nudeln geben.

Die Nudeln mit der Brühe in eine Schüssel gießen, das Huhn darauflegen und mit Chiliöl beträufeln.

Die Frühlingszwiebel und den Koriander hacken und darüberstreuen.

VARIANTE
Anstatt des Hühnerfleischs 1 oder 2 Eier verwenden: Diese 6 Minuten kochen, schälen, halbieren und in die Suppe geben.

Gebratene Gnocchi mit Schwarzkohl, Parmesan und Haselnüssen

Wenn man das Mittagessen möglichst schnell kochen möchte, muss man den Geschmack irgendwie verstärken. Eine Möglichkeit ist, Gnocchi zu braten, denn dadurch wird ihr Aroma nussiger. Damit sie nicht zu trocken werden, sollte man frische Gnocchi und ein paar Tropfen Olivenöl extra benutzen. Frische Gnocchi findet man im Kühlfach. Gnocchi aus dem Nudelregal müssen erst noch in kochendes Wasser, bevor man sie anbrät.

1 PORTION
3-4 Blätter Schwarzkohl
2 EL Olivenöl plus mehr zum Servieren
1 EL Butter
70-100 g frische Gnocchi
1 Knoblauchzehe, fein gehackt
1 Handvoll Haselnüsse
Schale einer ¼ Zitrone
35 g Parmesan, gerieben
Salz und schwarzer Pfeffer

SO GEHT'S

Die Kohlblätter waschen und die mittlere Rippe entfernen, jedes Blatt in 3–4 Stücke reißen. 1 EL Olivenöl und eine Prise Salz darübergeben und ins Blatt einkneten.

1 EL Olivenöl und die Butter in einer Pfanne erhitzen. Wenn die Pfanne richtig heiß ist, auf mittlere Hitze schalten, die Gnocchi hineingeben und goldbraun braten.

Kohl, Knoblauch und Haselnüsse dazugeben. Pfeffer daraufmahlen und weitere 1–2 Minuten anbraten.

Auf einen Teller geben, etwas Olivenöl darüberträufeln und dann mit Zitronenschale und Parmesan bestreuen. Mit Salz und Pfeffer abschmecken.

VARIANTEN

» *Pecorino statt Parmesan.*
» *Grünkohl statt Schwarzkohl.*
» *Walnüsse oder Mandeln statt Haselnüsse.*

Express-Pasta mit Ajvarsauce und Feta

Frische Pasta ist toll, wenn man sofort Nudeln möchte. Sie muss maximal 4 Minuten kochen. Noch so einer meiner Lieblinge, wenn es schnell gehen muss, ist Ajvar. Ich liebe diesen intensiv süßen Geschmack der Paprika und finde, er passt genauso gut zur Pasta wie Tomatensauce. Ich mag scharfes Essen, daher nehme ich immer den scharfen Ajvar, aber das ist natürlich Geschmackssache.

1 PORTION
100 g frische Pasta
1 EL Olivenöl plus mehr zum Servieren
1 Knoblauchzehe
3 EL Ajvar
½ TL Zitronensaft
1 EL gehackte Petersilie
50 g Feta
Salz und schwarzer Pfeffer

SO GEHT'S
1 Liter Wasser für die Nudeln aufkochen und ½ EL Salz hinzufügen.

Das Olivenöl in einer Pfanne erhitzen. Den Knoblauch schälen und hacken und in die Pfanne geben. Ajvar und Zitronensaft dazugeben und bei niedriger Hitze braten, während die Pasta nach Packungsangabe gekocht wird.

In der Zwischenzeit die Petersilie hacken und den Feta zerbröckeln.

Die Nudeln direkt aus dem Wasser in die Pfanne mit dem Ajvar geben. Rühren und eventuell etwas Nudelwasser für eine cremigere Pasta angießen. Die Petersilie hinzufügen und unterrühren. Mit Salz und Pfeffer abschmecken.

In eine Schüssel füllen und den Feta und etwas Olivenöl dazugeben.

VARIANTE
Petersilie durch frischen Thymian oder Minze ersetzen.

Suppe mit Fertigravioli

Ich glaube, das hier ist das schnellste Mittagessen im Buch. Wenn gar keine Zeit ist, dann nutze ich sehr gern gute Fertigprodukte, und dieses Mal retten gekaufte Ravioli und Brühpulver das Mittagessen. Ich brate die Ravioli an, einfach, weil mir das schmeckt. Aber man kann sie natürlich auch direkt in der Brühe kochen.

1 PORTION

ca. 1 TL Brühe der Lieblingssorte
1 EL Olivenöl
100 g frische Ravioli mit Füllung nach Wahl
1 EL gehackte Petersilie
1 EL geriebener Parmesan
schwarzer Pfeffer

SO GEHT'S

250 ml Wasser mit der Brühe aufkochen. Probieren, ob mehr Brühe hineinsoll.

Eine kleine Pfanne mit das Olivenöl erhitzen und die Ravioli anbraten, damit sie auf beiden Seiten Farbe bekommen. In eine Schüssel geben und die Brühe darübergießen.

Die Petersilie fein hacken und den Parmesan reiben. Beides über die Ravioli streuen und mit schwarzem Pfeffer abschmecken.

VARIANTE

Probieren Sie es mal mit fertigen chinesischen Wan Tans anstatt Ravioli. Geben Sie Chiliöl und Koriander dazu.

Süßkartoffelsuppe mit rotem Curry

Wenn ich Lust auf etwas Scharfes habe, dann ist rote Currypaste die beste Abkürzung. Diese Suppe braucht zwar 20 Minuten, aber in dieser Zeit können Sie ja etwas anderes machen, während sich der köstliche Duft in der Küche ausbreitet. Wie üblich bei Suppe ist es auch hier praktisch, eine Portion extra zu kochen. Wenn Sie möchten, können Sie noch einen Schuss Kokosmilch dazugeben, aber es ist nicht unbedingt nötig.

2 PORTIONEN

1-2 Süßkartoffeln (ca. 350 g)
2 mittelgroße Kartoffeln (ca. 300 g)
1 Zwiebel
1 EL Kokosöl
2 TL rote Currypaste
3 TL Hühner- oder Gemüsebrühe
1 EL frisch gehackter Koriander
20 g Kokosraspel
Salz

SO GEHT'S

Süßkartoffeln, Kartoffeln und Zwiebel schälen und grob würfeln.

In einem Topf Kokosöl (oder ein anderes neutrales Öl) erhitzen und die Zwiebel glasig dünsten.

Süßkartoffeln, Kartoffeln, Currypaste und die Brühe dazugeben. So viel Wasser angießen, dass Kartoffeln und Zwiebel gerade so bedeckt sind (ca. 500 ml). Aufkochen, dann auf mittlere Wärme herunterschalten.

Jetzt hat man 15–20 Minuten Pause, während die Suppe zugedeckt kocht.

Kontrollieren, ob die Kartoffeln weich sind, und die Suppe vom Herd nehmen. Etwas Brühe abgießen und zum Verdünnen aufheben.

Die Suppen mit einem Pürierstab pürieren und so viel Brühe dazugeben, bis die Konsistenz passt. Wenn noch mehr Flüssigkeit nötig sein sollte, kann man Wasser nehmen.

Eventuell mit Salz abschmecken und Koriander und Kokosraspel auf die Suppe streuen.

VARIANTE

Die Kokosraspel durch Cashewkerne oder Erdnüsse ersetzen.

Kimchitoast

Unter den Sandwichen ist das hier mein absoluter Favorit. Die Kombination von Kimchi und Käse hat etwas unvergleichlich Leckeres. Ich kann nicht mal darüber schreiben, ohne dass mir das Wasser im Mund zusammenläuft. Und bitte seien Sie beim Käse nicht geizig. Wenn ich eine Käsesorte empfehlen soll, dann wäre es Gruyère, aber nicht mal ein Käsefan wie ich hat den alltäglich zu Hause. Man kann auch normalen Emmentaler, Gouda, Mozzarella oder sonst was nehmen. Wenn Sie einen Grill haben, dann nutzen Sie ihn, ansonsten braten Sie alles in der Pfanne und drücken dabei etwas auf das Brot.

1 PORTION
1 EL Olivenöl oder Butter zum Braten
2 dicke Scheiben helles Brot, gern Sauerteig
Käse bis zum Abwinken
2-3 EL Kimchi aus dem Glas (je nachdem, wie groß das Brot ist und wie sehr Sie Kimchi mögen)

SO GEHT'S
Den Grill, alternativ eine Pfanne mit dem Olivenöl oder der Butter erhitzen.

Die Brotscheiben mit Käse, Kimchi und noch mehr Käse belegen. Der Käse sollte den Kimchi von beiden Seiten umgeben.

4–5 Minuten unter den Grill legen oder 2–3 Minuten auf beiden Seiten in der Pfanne braten. Mit einem Pfannenwender etwas platt drücken.

Reinbeißen, die Augen schließen und das Glück der Geschmacksexplosion genießen.

WÜRZTALENTE

Ich komme mit einer relativ kleinen Auswahl einfacherer Grundzutaten aus, aber ich suche ständig nach Möglichkeiten, sie zu variieren. So habe ich gelernt, diese Würztalente zu lieben, die ein Mittagessen von okay zu superlecker verändern.

SOJASAUCE

Die weltbeste Art zu salzen! Hier gibt es so viele Varianten, dass ich gar nicht erst versuche, alle zu beschreiben. In meinen Rezepten nutze ich am häufigsten die japanische Sojasauce, weil ich finde, dass die gleichzeitig mild und ziemlich salzig ist. Zusammen mit Reisweinessig und Sesamöl wird daraus das einfachste Dressing der Welt.

HARISSA

Die Würzpaste aus Nordafrika ist aus meiner Küche nicht mehr wegzudenken. Sie schmeckt stark nach Chili und Knoblauch. Ich gebe sie oft in Fleischmarinaden oder mische sie für eine Sauce mit Joghurt. Sie passt toll zu Honig, der sie mild und fein macht.

KNOBLAUCH

Geliebter Knoblauch! Ich verbrauche enorme Mengen davon, aber achte darauf, dass er nicht alles dominiert. Probieren Sie, ihn zu backen, kochen, hacken, reiben, schneiden und zu pressen, dann merken Sie, wie unterschiedlich er schmecken kann und wie er einem Gericht die entscheidende Wendung geben kann. Das Einzige, was man mit Knoblauch nicht tun sollte, ist, ihn anbrennen zu lassen, denn dann wird er bitter.

CHILI

Chili ist nicht einfach nur scharf. Es gibt auch Sorten, die milder sind, aber würzig. Die drei Sorten, die ich am häufigsten nutze:

Urfa biber – ein türkischer Chili-Pfeffer mit einem leichten Räuchergeschmack. Er passt unglaublich gut zu allen gegrillten Gemüsen.
Jalapeño – schmeckt stark nach Paprika, was, wie ich finde, gut zu süßen, milden Sachen wie Avocado, Mais und Süßkartoffeln passt. Ich bevorzuge frische Jalapeños.
Cayennepfeffer – ideal, wenn man in einer Suppe oder Sauce einen Hauch Schärfe will.

SARDELLEN

Sardellen sind genau das, was ein Caesar-Dressing ausmacht! Aber sie passen auch perfekt in Tomatensaucen oder in Öl oder Butter gemixt, besonders gut zusammen mit Zitronensaft oder -schale.

NÜSSE UND SAMEN

Protein, Geschmack und Konsistenz, genau das bieten Nüsse und Samen. Man kann sie mit etwas Salz, Öl und Kräutern rösten. Dann peppen sie die meisten Salate auf und machen sie sättigender.

KAPERN

Ich benutze Kapern zum Salzen und in ungefähr denselben Gerichten wie die Sardellen. Sie bieten eine ganz besondere Salzvariante, die gut zu Pasta und Fisch passt. Genau wie Sardellen schmecken sie mit Öl und Zitrone am besten. Kapern und Petersilie sind eine echte Siegerkombi!

FRISCHE KRÄUTER

Es ist gut, wenn man getrocknete Kräuter zu Hause hat. Meine drei getrockneten Favoriten sind Dill, Oregano und Estragon. Aber frische Kräuter sind eben doch besser. Sie haben einen ganz anderen Geschmack, steuern Frische bei, und dekorativ sind sie auch. Ich habe immer Koriander, Minze und Petersilie zur Hand.

SESAMÖL

Ich mag asiatische Geschmacksrichtungen, und das Sesamöl ist das i-Tüpfelchen für Mahlzeiten aus dem Wok oder auch in einem Dip. Sesamöl ist sehr intensiv, sodass 1 TL sehr weit reicht. Nutzen Sie es als Würze und nicht, um darin zu braten, denn durch das Erhitzen verliert es seinen Geschmack.

BRÜHE

Eine schnelle Suppe oder Schummelramen braucht Brühe! Als Pulver, Granulat oder auch Fond ist sie die beste Abkürzung zu einem vollen Geschmack, wenn man nicht genug Zeit hat. Und wenn Sie Dashi und Misobrühe noch nicht ausprobiert haben, dann tun Sie das! Diese Umami-Würzer sind in Asia-Läden erhältlich.

ZITRUSFRÜCHTE

Schale und Saft von Zitrusfrüchten sorgen für einen Frischekick. Die Säure belebt und hebt fette, milde und süße Aromen. Ich finde, dass der Abrieb toll zu Milchprodukten passt, etwa zu Joghurtsaucen oder zu Käse.

Caesar Salad mit Falafel

Die Leser:innen meines Blogs wissen, dass Falafel zu meinen Lieblingsfertigprodukten gehören. Sie enthalten selten etwas Zweifelhaftes und sind sowohl lecker als auch schnell zubereitet. Genau genommen ist das hier kein echter Caesar Salad, aber es gibt genug Gemeinsamkeiten mit dem Original, um den Namen zu verwenden, und ich finde ihn sogar besser. Bei einem richtig guten Dressing sollte man Schwarzkohl nehmen, denn seine welligen Blätter fangen es auf, ohne matschig zu werden. Das finde ich klasse.

1 PORTION

6-8 Falafel
5 Blätter Schwarzkohl
¼ Gurke
1 Stückchen Parmesan
schwarzer Pfeffer

Für das Dressing

50 g Mayonnaise
35 g Parmesan, gerieben
3 Sardellenfilets
1 Prise schwarzer Pfeffer

SO GEHT'S

Die Falafel nach Packungsangabe zubereiten. Während sie braten oder backen, kümmert man sich um den Salat.

Den Schwarzkohl waschen und die dicken Blattrippen in der Mitte herausschneiden. Die Blätter in Stückchen schneiden und ein bisschen weichkneten. Die Gurke in Scheiben schneiden. Alles in eine Schüssel geben.

Alle Zutaten für das Dressing mit einem Stabmixer pürieren, über den Salat geben und gut mischen.

Die Falafel in der Mitte aufbrechen und auf den Salat legen. Den Parmesan darüberhobeln und ordentlich schwarzen Pfeffer darübermahlen.

TIPPS FÜR TROCKENES BROT

Ein echter Caesar Salad wird mit Croûtons bestreut, und das ist lecker, aber ich finde, mit Falafel schlägt man gleich zwei Fliegen mit einer Klappe. Wenn Sie aber Brot übrighaben, machen Sie einfache Croûtons, indem sie es zerbrechen und in Öl braten. Wenn Sie die Pfanne vorher mit einer halbierten Knoblauchzehe ausreiben, erhalten die Croûtons noch ein leichtes Knoblaucharoma.

Das einzige Pastagericht, das ich brauche

Okay, das ist vielleicht übertrieben. Aber diese Pasta ist so lecker, einfach und schnell zubereitet, dass es eines der ersten Gerichte war, das ich meinen Kindern beigebracht habe. Durch das Tomatenmark erhält die Sauce ein intensives Aroma, fast wie eine Tomatensauce, die lange vor sich hin köchelt. Und wussten Sie, dass man mit Nudelwasser eine Sauce wunderbar binden kann? Das funktioniert am besten mit trockenen Nudeln. Wenn man die Pasta kocht, gibt sie nämlich viel Stärke ab – und Stärke bindet.

1 PORTION

100 g Spaghetti
oder eine andere Pastasorte
Salz fürs Nudelwasser
1 Knoblauchzehe
1 EL gehackte Kapern
1 EL gehackte Petersilie
Olivenöl zum Braten und zum Servieren
2 EL Tomatenmark
35 g Parmesan, gerieben,
plus 1 EL zum Servieren
schwarzer Pfeffer

SO GEHT'S

Die Nudeln nach Packungsangabe kochen. Ordentlich salzen das Wasser sollte so salzig sein wie das Mittelmeer. 1 guter TL Salz pro Liter Wasser und 100 g Pasta ist eine gute Richtlinie.

In der Zwischenzeit Knoblauch, Kapern und Petersilie hacken.

1 EL Olivenöl in einer Pfanne erhitzen. Auf mittlere Hitze herunterschalten, den Knoblauch 1 Minute anbraten, dann Tomatenmark und Kapern hinzufügen. Bei schwacher Wärme weiter anbraten, während die Pasta kocht.

Wenn die Nudeln fertig sind, zunächst ca. 50 ml Nudelwasser zusammen mit Petersilie und Parmesan in die Pfanne geben. Verrühren und dann die Nudeln direkt in die Tomatensauce geben und mischen.

Mit schwarzem Pfeffer abschmecken und auf einem Teller anrichten. Den restlichen Parmesan und 1 EL Olivenöl darübergeben.

VARIANTE

Die Kapern durch Sardellen oder Oliven ersetzen.

Tortilla mit Tomaten-Kapern-Salat

Geht es Ihnen wie mir und Sie kochen immer zu viele Kartoffeln? Wie gut! Dann können Sie sich nämlich eine Tortilla zu Mittag machen. Ein Spanier würde über diese Variante wohl die Nase rümpfen, denn eine echte Tortilla wird in Öl schwimmend gebraten – aber sehen Sie das hier als leichtere Mittagsvariante an. Der salzig-säuerliche Tomatensalaten kompensiert das fehlende Öl.

1 PORTION

2 gekochte Kartoffeln
3 Eier
1 EL Olivenöl
1 Prise Salz
1 Prise schwarzer Pfeffer

Für den Tomatensalat

10 Cocktailtomaten
1 TL Kapern
1 EL gehackte Petersilie
½ Knoblauchzehe
½ TL Zitronenschale
1 EL Olivenöl
1 TL Zitronensaft
Salz und schwarzer Pfeffer

SO GEHT'S

Tomaten vierteln und Kapern grob hacken. Mit gehackter Petersilie, fein gehacktem Knoblauch und Zitronenschale mischen. Olivenöl und Zitronensaft darübergießen und nach Geschmack salzen und pfeffern.

Die Kartoffeln in zentimeterdicke Scheiben schneiden. Die Eier und 1 EL Wasser mit Salz und schwarzem Pfeffer verrühren.

Das Olivenöl in einer mittelgroßen Pfanne erhitzen und die Kartoffeln hineinlegen. 1 Minute anbraten, dann die Ei-Mischung darübergießen und auf mittlere Hitze herunterschalten. Sanft in der Pfanne herumstochern, damit das Ei gleichmäßig gebraten wird.

Die Tortilla vom Herd nehmen, wenn das Ei noch cremig ist. In der Mitte zusammenfalten und zusammen mit dem Salat auf einem Teller anrichten.

VARIANTEN

- *Irgendeine Zwiebel statt Knoblauch.*
- *Thymian oder Basilikum statt Petersilie.*
- *Statt die Kartoffeln in Scheiben zu schneiden, können Sie sie mit einer Gabel zerdrücken und in die Pfanne geben.*

SAUCEN UND ÖLE

KRÄUTERÖL

2 EL gehackte glatte Petersilie
1 EL gehackte Minze
1 grüne Chili
½ TL Kreuzkümmelpulver (gern frisch gemahlen)
3 EL Olivenöl

SO GEHT'S

In einem Mixer pürieren und für maximale Frische am selben Tag servieren.

TONKATSU-SAUCE

100 ml Ketchup
2 EL Sojasauce
3½ EL Worcestershiresauce
1 EL Honig

SO GEHT'S

Alle Zutaten in einer Schüssel vermischen. Im Kühlschrank aufheben. Hält sich mindestens 10 Tage.

CHILIÖL

1 Knoblauchzehe
1 rote Chili
1 TL gehackter Ingwer
200 ml Rapsöl
1½–2 EL Chiliflocken
2 EL gerösteter Sesam
1 EL Sesamöl

SO GEHT'S

Knoblauch, Chili und Ingwer fein hacken.
Mit dem Rapsöl und den Chiliflocken in einen kleinen Topf geben. Erhitzen und dann auf die niedrigste Stufe stellen.
5 Minuten stehen lassen.
Währenddessen in einer kleinen Pfanne den Sesam rösten. Sesam und Sesamöl in den Topf rühren und abkühlen lassen. Im Kühlschrank aufbewahren.

SALSA VERDE

1 Scheibe halb trockenes, helles Brot
200 ml Olivenöl
2 EL Weißweinessig
2 TL Kapern
6 Sardellenfilets
25 g gehackte Petersilie
15 g gehackter Thymian
Salz und schwarzer Pfeffer

SO GEHT'S

Das Brot in grobe Stücke reißen und in einer Schüssel zusammen mit Öl und Essig 10 Minuten ziehen lassen. Die restlichen Zutaten hinzufügen und alles vermixen. Am selben Tag servieren.

KÖNIGIN DER SAUCEN

2 EL Sesamöl
3½ EL Sojasauce
2 EL Reisessig
1 EL asiatische Sesampaste (alternativ Tahin)
1 EL Erdnussbutter
1 EL Zucker
1 EL geriebener Ingwer
1 TL Chilipaste, z. B. Gochujang
2 Knoblauchzehen (gerieben oder gepresst)

SO GEHT'S

Alles in einer Schüssel mischen und leicht aufschlagen. Kühl aufbewahren und zum Servieren aufwärmen.

TAHIN-SAUCE

100 g Tahin
50 ml frisch gepresster Zitronensaft
1 Knoblauchzehe
1 TL Salz

SO GEHT'S

Alle Zutaten und 150 ml Wasser mischen und mit einem Stabmixer zu einer fluffigen und zähflüssigen Sauce aufschlagen. Im Kühlschrank aufbewahren. Hält sich bis zu einer Woche.

Süßkartoffelnudeln mit pochiertem Ei und Chiliöl

Süßkartoffelnudeln oder Japchae, wie sie auf Koreanisch heißen, sind ein guter Tipp, wenn man kein Gluten verträgt. Ich mag die glitschige Konsistenz und dass sie einen festeren Kern haben. Hier bereite ich sie in Brühe zu, aber wenn Sie noch eine Zutat sparen wollen, klappt es auch nur mit Chiliöl und Ei als Sauce. Pochierte Eier klingen aufwendig, aber sind genauso einfach zu machen wie gekochte oder Spiegeleier. Probieren Sie es aus!

1 PORTION

1 Ei
1 TL Essigessenz
100 g Süßkartoffelnudeln (alternativ Glasnudeln)
2 TL Hühnerbrühe
30g Sprossen nach Wahl
1-2 EL Chiliöl (S. 82)
1 EL gehackter Koriander

SO GEHT'S

Das Ei in ein Glas aufschlagen und den Essig darübergießen. Stehen lassen, während die Nudeln kochen.

500 ml Wasser mit der Brühe aufkochen. Die Nudeln hineingeben und nach Packungsangabe kochen.

In einem anderen Topf noch mal 500 ml Wasser aufkochen. Hier wird gleich das Ei pochiert.

Die fertigen Nudeln mit einer Zange herausnehmen und mit ein bisschen Brühe in eine Schüssel geben. Die Sprossen hinzufügen.

Das Ei samt Essig direkt ins kochende Wasser geben, dann die Hitze herunterschalten und 3 Minuten sieden (nicht kochen) lassen. Mit einem Schaumlöffel herausnehmen und auf die Nudeln legen.

Das Chiliöl darauftropfen und mit dem gehackten Koriander bestreuen. Und nun losschlürfen!

Kohlomelett mit Tonkatsu-Sauce

Wenn man einmal angefangen hat, Tonkatsu-Sauce zu benutzen, ist es schwer, wieder damit aufzuhören. Ich bezeichne sie ja gerne als Ketchup für Erwachsene, aber sie ist – wie alles aus der japanischen Küche – eine sehr durchdachte Sache. Es gibt ein japanisches Gericht namens Tonkatsu. Es besteht aus zartem paniertem und frittiertem Schweinefleisch und wird mit eben jener Sauce gegessen. Okonomiyaki ist auch ein japanisches Gericht, das man vereinfacht als Kohlpfannkuchen oder -omelett beschreiben kann. Dies ist eine simple Version davon.

1 PORTION
150 g Spitzkohl
Öl zum Braten
3 Eier
1 EL Mayonnaise
2 EL Tonkatsu-Sauce (S. 82)
1 Frühlingszwiebel, gehackt
1 TL gerösteter Sesam
1 EL gehackter Koriander (nach Belieben)
Salz und schwarzer Pfeffer

SO GEHT'S
Den Spitzkohl in Streifen schneiden oder hobeln. Ein Gemüsehobel ist dafür perfekt.

1 EL Öl in einer Pfanne erhitzen, den Spitzkohl mit einer Prise Salz hineinlegen und bei mittlerer Hitze weich braten, das dauert 3–4 Minuten.

Währenddessen die Eier verrühren und eine Prise Salz und schwarzen Pfeffer dazugeben.

Die Ei-Mischung über den Kohl gießen und vorsichtig in der Pfanne rühren, damit das Omelett gleichmäßig brät, ohne ganz platt zu werden. Wenn es auf einer Seite etwas Farbe bekommen hat, wie einen Pfannkuchen wenden und noch eine Minute auf der anderen Seite braten.

Das Omelett auf einen Teller legen und mit etwas Mayonnaise betupfen. Die Tonkatsu-Sauce darübergießen.

Die Frühlingszwiebel mit geröstetem Sesam und Koriander über das Omelett streuen.

VARIANTE
Statt der Tonkatsu-Sauce einfach 1 TL Sesamöl mit 3 EL süßer Chilisauce mischen.

Falafelburger mit Tahin-Sauce

Seit Tahin in mein Leben getreten ist, ist nichts mehr, wie es war. Diese Sesampaste dringt immer mehr in meine Rezepte, nicht zuletzt beim Backen, aber dazu mehr in einem anderen Buch. Was ich am häufigsten daraus mache, ist Tahin-Sauce. Sie wird so lecker, und das bei so wenig Zutaten! Tahin-Sauce passt zu Salat, Kebab, Pommes frites, Falafel und vielem mehr.

1 PORTION

Olivenöl zum Braten
5 Falafel
1 Hamburgerbrötchen
5 Salatblätter
4 Cocktailtomaten
oder 1 mittelgroße Tomate
1 EL Ajvar
1 EL Tahin-Sauce (S. 83)
1-2 Peperoni

SO GEHT'S

In einer Pfanne Olivenöl erhitzen und die Falafel nach Packungsangabe zubereiten.

Die Brötchenhälften mit den Schnittflächen nach unten in der letzten Minute zu den Falafel legen. Sie sollen nur ein bisschen bräunen.

Den Salat in feine Streifen und die Tomaten in Scheiben schneiden.

Die untere Brötchenhälfte auf einen Teller legen und mit Ajvar bestreichen. Die Falafel etwas platt drücken und aufs Brot legen, dann auch Salat, Tahin-Sauce, Tomaten und Peperoni sowie die obere Brötchenhälfte auflegen.

VARIANTE

Fein geschnittener Spitzkohl, der vom Rezept auf S. 87 übrig ist, kann den Salat ersetzen.

Reisnudeln mit der Königin der Saucen

Dieses Rezept war einer meiner ersten Blogbeiträge. Die Sauce ist bei mir zu Hause ein Alleskönner. Mit Nudeln, irgendeinem Gemüse und Nüssen gehört sie zu dem Leckersten überhaupt. Sie ist salzig, süß, üppig, säuerlich, klebrig und einfach nur wunderbar. Bereiten Sie die doppelte Menge zu und heben Sie sie im Kühlschrank auf. Sie wird locker in einer Woche aufgebraucht.

1 PORTION

100 g Reisnudeln
70 g Cashewkerne
6 Zuckerschoten
2-3 EL Königin der Saucen (S. 83)
1 Frühlingszwiebel, gehackt
1 EL gehackter Koriander

SO GEHT'S

Die Nudeln nach Packungsangabe kochen.

Während die Nudeln kochen, in einer Pfanne die Cashewkerne leicht rösten. Ca. 2 Minuten reichen.

Die fertigen Nudeln mit einer Zange in ein Sieb geben und mit kaltem Wasser abschrecken, damit sie nicht zusammenkleben. Das Kochwasser nicht weggießen.

Die Zuckerschoten 1 Minute im Nudelwasser kochen und in ein Sieb abgießen. Längs in Streifen schneiden.

2–3 EL der Königin der Saucen in der Pfanne erhitzen und die Nudeln, Nüsse und Zuckerschoten darin wenden. Ordentlich rühren, damit alles mit Sauce bedeckt ist.

Die Nudeln in eine Schüssel geben und Frühlingszwiebel und Koriander darüberstreuen.

VARIANTE

Die Cashewkerne durch Erdnüsse oder Edamame ersetzen.

MITTAG MIT FREUNDEN

EINE EINLADUNG ZUM MITTAGESSEN hat viele Vorteile. Zunächst können Sie Ihren Ehrgeiz ein wenig zurückschrauben. Eine Einladung zum Mittagessen ist an sich schon besonders genug. Wenn man dann noch zum »Weinlunch« bittet, hat man die Erwartungen bereits übertroffen. Außerdem kann man feiern, ohne noch nachts aufräumen und spülen zu müssen – stattdessen kann man abends die Füße hochlegen und entspannen. Es sei denn, man hat so viel Spaß miteinander, dass das Mittagessen immer weitergeht.

Wenn man richtig viel Glück hat, beteiligen sich die Freunde am Mittagessen. Einer hat vielleicht noch etwas Brot von gestern, ein anderer ist vielleicht eine waschechte *sfoglina*, also jemand, der in Bologna für feinste Pasta ausgebildet wurde. Und dann gibt es den Keramiker, der den Tisch richtig schön decken kann.

Wenn ich zum Mittagessen einlade, serviere ich am liebsten Essen, das von Anfang an dasteht. Wie eine Art Buffet, aber auf einem Esstisch, damit die Gäste von allem und in jeder gewünschten Reihenfolge essen können. Ich habe nämlich immer von lebhaften, ausgedehnten Mittagessen geträumt, bei denen man das Essen hin- und herreicht. Man isst, macht eine kleine Pause und isst weiter.

In diesem Kapitel habe ich Rezepte versammelt, die alle zusammenpassen oder auch allein stehen können. Das meiste kann man vorbereiten, dann muss man nicht in der Küche stehen, sondern kann am Tisch sitzen bleiben.

Noch ein Tipp für den Erfolg der Einladung: Servieren sie hübsch aussehende Gerichte, und zwar auf dem schönsten Porzellan, das Sie haben – egal, ob die Teile zusammenpassen oder nicht. Gerade lauter Einzelstücke können toll zusammen aussehen. Das Auge isst bekanntlich mit, und wenn man viel Farbe und Form hinzufügt, reichen auch etwas weniger aufwendige Gerichte. Das Wichtigste ist sowieso, dass Sie Ihre Mittagspause und die Ihrer Freunde verschönert haben.

Kürbissuppe

Die Welt ist zweigeteilt – die einen lieben Kürbis, die anderen nicht. Ich gehörte lange zu denen, die Kürbis nicht mögen, aber jetzt habe ich verschiedene Rezepte ausprobiert und zwei Dinge entdeckt: Kürbisse brauchen Schärfe, und Kürbisse brauchen etwas Kräftiges, das den süßen, milden Geschmack durchdringt. In diesem Rezept sind das Cayennepfeffer für die Schärfe und Zitronenschale, um den milden Geschmack aufzupeppen. Den Kürbis zu schälen und zu schneiden, kann schon so viel Aufwand sein, dass man lieber keine Kürbisgerichte zubereitet. Daher lautet mein Tipp: Machen Sie es nicht! Halbieren Sie ihn und backen ihn im Ofen, dann müssen Sie die dicke Schale und das harte Fruchtfleisch nicht mit dem Messer traktieren.

4 PORTIONEN

1 Zwiebel
1 Butternut-Kürbis
Olivenöl
3 Knoblauchzehen
10 frische Salbeiblätter
3 TL Hühnerbrühe
75 g Parmesan, gerieben
Schale von 1 Zitrone
1 Msp. Cayennepfeffer
Salz und schwarzer Pfeffer

SO GEHT'S

Den Backofen auf 200 °C vorheizen.

Die Zwiebel schälen und halbieren. Den Kürbis halbieren, die Kerne entfernen und die Hälften mit der Zwiebel auf ein Backblech legen. Olivenöl und etwas Salz darübergeben und 30 Minuten backen. Nach 10 Minuten die Knoblauchzehen mit Schale dazugeben.

Nach 30 Minuten kontrollieren, ob der Kürbis weich ist. Wenn nicht, noch ein paar Minuten backen. Herausnehmen und mit einem Löffel das Fruchtfleisch herauslösen.

In einem Topf 3 EL Olivenöl erhitzen, die Salbeiblätter hineingeben und knusprig braten, das dauert ca. 1 Minute. Rausfischen und auf Küchenpapier abtropfen lassen.

Kürbis und Zwiebel in den Topf geben und den Knoblauch direkt dazupressen. 500 ml Wasser angießen, die Brühe einstreuen und aufkochen. Bei niedriger Hitze zugedeckt 10 Minuten köcheln lassen, dann vom Herd nehmen und mit einem Pürierstab pürieren. Wenn nötig, mehr Wasser zugeben.

Geriebenen Parmesan, abgeriebene Schale einer halben Zitrone und Cayennepfeffer hinzufügen und verrühren. Eventuell mit mehr Zitronenschale, Salz und Pfeffer abschmecken.

TIPP ZUR RESTEVERWERTUNG

Wenn Sie noch Parmesanrinde haben, kochen Sie diese mit, anstatt den Parmesan in die Suppe zu reiben. Vergessen Sie nicht, sie herauszunehmen, bevor Sie die Suppe pürieren. Danach kann sie bis zum Servieren wieder rein.

Helenas Süßkartoffelgnocchi mit schaumiger Käsesauce

Gnocchi selbst zu machen bedeutet klebrige Hände und eine mehlige Küche, aber schwer ist es nicht und geht sogar recht schnell. Der Trick ist, die ganze Zeit über »leichte« Hände zu haben. Laut Helena, meiner Freundin vom Blog Pastahantverket (Pastahandwerk), sollte man Gnocchi behandeln, als wären es zerbrechliche Schmetterlinge. Dann erhält man diese warmen, wohlschmeckenden Wolken, die Gnocchi sein sollten.

4 PORTIONEN

500 g Süßkartoffeln
250 g Weizenmehl
50 g Parmesan
1 EL Salz
1 Ei
1 Msp. geriebene Muskatnuss oder ½ TL Zitronenschale

Für die Käsesauce

50 g Butter
ca. 12 frische Salbeiblätter
200 g Sahne
75 g Västerbotten-Käse, gerieben (schwedischer Hartkäse, online erhältlich, alternativ Parmesan oder Pecorino)
Salz und schwarzer Pfeffer

SO GEHT'S

Die Süßkartoffeln kochen und, wenn sie etwas abgekühlt sind, schälen. Wenn sie sehr feucht sind, in ein Sieb drücken und dadurch etwas Wasser entfernen.

Das Mehl auf die Arbeitsplatte häufen. Parmesan und Salz daraufstreuen und die Süßkartoffeln darüberpressen. Eine kleine Kuhle in die Mitte drücken und das Ei hineinschlagen. Frisch geriebenen Muskat oder Zitronenschale dazugeben. Alles locker mit den Händen vermischen, und falls es zu klebrig ist, noch etwas Mehl hinzufügen. Wenn der Teig glatt ist und zusammenhält, ist er fertig.

Den Teig in sechs Stücke aufteilen und ungefähr 1 cm dicke Rollen formen. In ca. 2½ cm große Stücke schneiden, am einfachsten geht das, wenn man alle Rollen nebeneinanderlegt und durch alle gleichzeitig schneidet. Die Stücke in Mehl wälzen und mit Abstand auf der Arbeitsfläche auslegen.

Jeweils ein Stückchen vorsichtig gegen eine Gabel oder eine Raspel drücken, sodass eine kleine Vertiefung entsteht.

Die Gnocchi in Salzwasser kochen, bis sie an die Oberfläche steigen, und dann noch 1 Minute. Mit einem Sieb oder einem Schaumlöffel herausnehmen.

Die Butter mit dem Salbei bei mittlerer Hitze in einem kleinen Topf bräunen. Sahne und Käse dazugeben und aufkochen. Vom Herd nehmen und mit Salz und Pfeffer abschmecken. Kurz vor dem Servieren die Sauce mit einem Pürierstab oder einem Handmixer schaumig rühren, dann über die Gnocchi geben.

Bunter Salat mit Kreuzkümmeldressing

Buntes Essen ist gutes Essen. Okay, das gilt nicht für Fliegenpilze, aber in fast allen anderen Fällen. Wenn also Karotten Saison haben und sie in unterschiedlichen Farben erhältlich sind, dann kaufe ich sie, allein schon, um Salate wie diesen noch etwas lebendiger zu machen. Aber natürlich funktioniert der auch mit normalen, orangefarbenen Karotten, die sind ja auch nicht hässlich. Das Dressing für diesen Salat ist sehr geschmacksintensiv und von einem meiner Lieblingsköche inspiriert, Yotam Ottolenghi. Die Granatapfelkerne versprühen frischen Geschmack bei jedem Biss. Der Salat kann nach der Zubereitung gern noch etwas durchziehen. Und ich finde, er passt zu allem.

4 PORTIONEN (ALS BEILAGE)

10 Blätter Schwarzkohl
1 Prise grobes Salz
1 EL Olivenöl
3 Karotten
½ Granatapfel

Für das Dressing

1½ TL Kreuzkümmelsamen
2 EL Olivenöl
1½ TL Muscovado- oder Rohzucker
2 EL Balsamicoessig
1 Knoblauchzehe, gepresst

SO GEHT'S

Die Schwarzkohlblätter waschen und jeweils die mittlere Blattrippe entfernen. Die Blätter zerkleinern, Salz und Olivenöl darübergießen und ordentlich ins Blatt einkneten.

Die Karotten längs mit einem Sparschäler hobeln und in einer Schüssel mit dem Schwarzkohl mischen.

Eine kleine Pfanne erhitzen und den Kreuzkümmel darin 1 Minute rösten. In einen Mörser geben und grob mahlen.

Alle Zutaten fürs Dressing mischen und über den Salat gießen. Gut mischen, damit die faltigen Blätter den tollen Geschmack ordentlich aufnehmen.

Die Kerne aus dem Granatapfel brechen. Ein Tipp, wie das einfach geht: Erst die Spitze abschneiden, damit man die weißen Trennwände zwischen den Kernen sieht. Dann entlang dieser Wände schneiden, dadurch lösen sich die Kerne leichter. Die Granatapfelkerne auf den Salat streuen.

VARIANTE

Wenn Ihnen der Granatapfel zu fummelig ist, dann passen auch Trauben gut in diesen Salat.

Fladenbrotpizza mit Muhammara

Ich liebe Pizza. So sehr, dass ich jeden Freitag eine backe. Bevor ich (eigentlich mein Partner) angefangen habe, den Teig selbst zu machen, haben wir oft Pizza auf Fladenbrot gegessen. Das geht superschnell und die Stücke sind dünn und knusprig. Man kann vielleicht nicht ganz so viel Belag darauflegen wie bei einer normalen Pizza, aber wenn man in Eile ist, ist es die allerbeste Abkürzung. Ein paar Scheiben Feigen und etwas Ziegenkäse darauf und schon hat man den perfekten Snack zu einem Drink oder als Dessert. Diese Pizza serviere ich oft mit einem guten Salat oder einer Suppe, sowohl bei Festen als auch im Alltag.

4 PORTIONEN

4 dünne Fladenbrote
4-5 EL Muhammara (s. Rezept unten)
70 g Walnüsse, grob gehackt
1 Feta (ca. 150 g)
4 EL Kräuteröl (S. 82)

Für die Muhammara

2 EL Olivenöl
5 Knoblauchzehen
150 g Walnüsse
1 Glas rote Grillpaprika in Öl (ca. 500 g)
1 EL Zitronensaft
1 TL geräuchertes Paprikapulver
1 EL gehackter Thymian
1 Msp. Chiliflocken
Salz und schwarzer Pfeffer

SO GEHT'S

Den Backofen auf 220 °C vorheizen.

Mit der Muhammara beginnen. In einer Pfanne 1 EL Olivenöl erhitzen und die geschälten Knoblauchzehen zusammen mit den Walnüssen hineingeben. Bei mittlerer Hitze in der Pfanne rösten, bis der Knoblauch weich ist und Farbe angenommen hat.

Die Nüsse und den Knoblauch zusammen mit Paprika, Zitronensaft, Paprikapulver, Thymian und Chiliflocken in eine Küchenmaschine oder einen Mixer geben. Zu einer halb glatten Creme verrühren. Mit Salz und Pfeffer abschmecken.

Das Brot auf Backpapier legen, dünn mit Muhammara bestreichen und die Walnüsse gleichmäßig über die Brote verteilen. Ca. 10 Minuten überbacken.

Herausnehmen und Feta darüberbröckeln. Mit Kräuteröl beträufeln und servieren.

VARIANTEN

» *Für eine sättigendere Variante kann man auch fertigen Pizzateig kaufen und nach Packungsangabe zubereiten. Und wenn Sie kein Fladenbrot bekommen, funktioniert die Pizza auch mit Tortillas.*
» *Ajvar statt Muhammara.*

Weiße-Bohnen-Suppe mit Parmesanchips

Suppe eignet sich super für Einladungen. Man kann viel kochen und schon vorher vorbereiten, denn Sinn und Zweck einer Mittagessenseinladung ist ja, dass man nicht genau dann kochen muss, wenn die Gäste da sind. Ich mag es, einfache Gerichte zu kochen, die man dann aufpeppt, damit sie zu etwas Besonderem werden. Bei dieser Suppe sind es Parmesanchips und gebratene Tomaten, die sie zu etwas gar nicht Alltäglichem machen. Wenn Sie noch mehr vorbereiten wollen, dann braten Sie die Tomaten im Backofen. Man legt sie einfach auf ein Blech und lässt sie bei Umluft und 100 °C 2–3 Stunden im Ofen.

4 PORTIONEN

3 EL Olivenöl
1 Zwiebel
1 Knoblauchzehe
2 Dosen Cannellinibohnen (à 400 g)
4 TL Hühnerbrühe
400 g Cocktailtomaten
100 g Parmesan, gerieben
1 EL Kräuteröl (S. 82)
Salz und schwarzer Pfeffer

SO GEHT'S

Den Backofen auf 200 °C vorheizen.

2 EL Olivenöl in einem 2-Liter-Topf erhitzen. Zwiebel und Knoblauch grob hacken und im Öl glasig dünsten. Die Bohnen abgießen und zusammen mit 600 ml Wasser und der Brühe in den Topf geben. Aufkochen und bei niedriger Hitze zugedeckt 5–10 Minuten köcheln lassen.

In der Zwischenzeit die Tomaten halbieren, 1 EL Olivenöl in einer Pfanne erhitzen, die Tomaten mit der Schnittfläche nach unten hineinlegen und auf mittlere Hitze herunterschalten. Eine Prise Salz darüberstreuen und die Tomaten in der Pfanne anbraten, während die Suppe kocht.

Den Parmesan reiben und in 1-EL-Häufchen auf Backpapier legen, etwas platt drücken und ca. 5 Minuten in den Ofen stellen. Schauen Sie immer mal wieder nach, damit der Käse nicht anbrennt. Die Käsechips herausnehmen und abkühlen lassen.

Die Suppe vom Herd nehmen und etwas von der Brühe in einen extra Becher geben. Die Suppe mit einem Pürierstab pürieren und so viel Brühe dazugeben, bis die Konsistenz stimmt. Für eine dünnere Suppe kann man noch etwas Wasser, Milch oder Sahne beifügen.

Mit Salz und Pfeffer abschmecken und die Suppe mit Kräuteröl, Tomaten und Parmesanchips servieren.

VARIANTE

Die Suppe mit fertigem Pesto anstatt Kräuteröl servieren.

Fridas Brot

Ein hübsches Brot auf dem Tisch macht aus der einfachsten Mahlzeit ein Fest. Und wenn man zum Mittagessen einlädt, ist ein Sauerteigbrot perfekt, weil man das ein oder zwei Tage vorher vorbereiten und dann frisch backen kann. Dieses Brot nennen wir »Tischbrot«, eben weil es so gut zum Essen passt. Perfekt, um es in eine Suppe zu tunken oder cremigen Käse daraufzustreichen.

2 BROTE À 700 G

200 g Sauerteig
700 g Bio-Weizenmehl
(150 g davon können gern durch ein gutes Vollkornmehl ersetzt werden, z. B. Dinkel)
15–20 g Salz

SO GEHT'S

Am Vorbereitungstag: Sauerteig, Mehl und Salz mit 500 ml Wasser zu einem klebrigen Teig vermischen und 30 Minuten ruhen lassen. Dann den Teig mit bloßen Händen kneten, dabei die Kanten mehrmals vom Rand zur Mitte einschlagen. Die Prozedur einige Male alle 30 Minuten wiederholen. Am Schluss ca. 2 Stunden gehen lassen oder bis er sich fast verdoppelt hat.

Auf einem bemehlten Tisch den Teig ausrollen, halbieren und jede Hälfte zu einer runden, glatten Kugel formen, dabei die Teigoberfläche spannen, damit die Kugel in Form bleibt. (Das nennt sich Rundwirken.) Die Kugeln in einem bemehlten Geschirrtuch in einer Form, z. B. einem Sieb, gehen lassen.

Die Teiglinge bis zum Backen in den Kühlschrank stellen, mindestens 12 und höchstens 48 Stunden.

Am Backtag: Den Backofen auf 250 °C vorheizen, ein Blech hineinstellen und es 1 Stunde aufheizen.

Die Teiglinge vorsichtig auf Backpapier legen, Mehl darübersieben, überkreuz tief einschneiden und nach Belieben dekorative, oberflächliche Schnitte anbringen.

Die Brote auf das warme Blech legen und 100 ml heißes Wasser auf den Boden des Ofens geben oder mit einem Wassersprüher hineinspritzen. Brot braucht Feuchtigkeit, um aufzugehen.

10 Minuten bei 250 °C backen, dann 25 Minuten bei 230 °C oder bis das Brot hohl klingt, wenn man auf den Boden klopft. Wenn Sie ein Backthermometer haben, können Sie auch die Innentemperatur messen, sie sollte ca. 96 °C betragen.

DER ERSTE SAUERTEIG

Wie man einen Sauerteig startet und auffrischt, kann man sehr gut in vielen Büchern und im Internet nachlesen. Wenn man es sich leicht machen möchte, kann man auch seinen Bäcker um ein bisschen Sauerteig bitten.

Brownies mit brauner Butter

Diese Brownies sind vielleicht das perfekte Dessert oder der perfekte Kuchen. Ein dunkles, mächtiges und richtig schokoladiges Backwerk, das die allermeisten lieben. Sie können es mit unterschiedlichen Schokoladensorten variieren oder indem Sie Rum, geröstete Nüsse oder vielleicht Minze in die Ganache geben. Die Brownies schmecken am besten nach einem Tag im Kühlschrank, also backen Sie sie gern im Voraus.

16 STÜCKE
225 g Butter
275 g Zucker
80 g Kakao
¾ TL Salz
1 TL Bourbon Vanille (Pulver)
3 Eier
90 g Mehl (Weizen oder Dinkel)

Für die Honig-Ganache
200 g dunkle Schokolade
30 g Honig
150 g Sahne
1 EL dunkler Rum
20 g Butter

Zum Garnieren
geröstete Haselnüsse
grobes Salz

SO GEHT'S
Den Backofen auf 160 °C vorheizen und eine 20 x 20 cm große Backform einfetten oder mit Backpapier auslegen.

Die Butter unter Rühren bei mittlerer Hitze in einem großen Topf bräunen. Vom Herd nehmen, wenn sie etwas dunkel geworden ist und nussig duftet. Zucker, Kakao, Salz und Vanille in den Topf rühren. Die Eier einzeln vorsichtig einrühren und am Schluss das Mehl untermischen.

Den Teig in die Form geben und ca. 25 Minuten backen. Der Kuchen ist fertig, wenn er beim Schütteln der Form zittert, aber nicht mehr flüssig ist.

Die Schokolade fein hacken und zusammen mit dem Honig in eine Schüssel geben. Die Sahne aufkochen und darübergießen. 1 Minute stehen lassen. Dann vorsichtig mit einem Teigschaber verrühren, bis die Ganache cremig ist. Mit Rum abschmecken und mit einem Pürierstab die Butter untermixen. Abkühlen lassen.

Die Ganache auf den Kuchen streichen oder spritzen und mit gerösteten Nüssen, grobem Salz oder anderen Leckereien garnieren. Bis zum Servieren in den Kühlschrank stellen.

APPELL FÜR GUTE SCHOKOLADE
Dieser Kuchen wird so gut, wie es die Schokolade ist, die Sie dafür benutzen. Das gilt sowohl für den Kakao im Kuchen als auch für die Schokolade in der Ganache.

Drinks zum Einläuten des Wochenendes

Ich finde einen Drink am Freitag einfach genial. Aber man hat ja nun nicht immer viele besondere Zutaten im Stil einer Cocktailbar zu Hause, deshalb habe ich hier ein paar Lieblingsdrinks zusammengestellt, die festlich sind, das gewisse Etwas haben, aber nicht zu viele Zutaten oder Zubehör wie Shaker benötigen. Es soll ja einfach bleiben.

LEICHTER SPRITZER

200 ml Weißwein
100 ml Zitronensprudel
Eis

SO GEHT'S

Ein Glas mit Eis füllen. Wein und Zitronensprudel hineingeben.

AMERICANO

3 cl Campari
3 cl Martini Rosso
6 cl Sodawasser
1 Orangenscheibe
Eis

SO GEHT'S

Ein Glas mit Eis füllen. Campari, Martini Rosso und Sodawasser hineingeben und eine Orangenscheibe hinterherschubsen.

GIN TONIC MIT GURKE UND PFEFFER

1 Stück Gurke
4 cl Gin
10 cl Tonic
1 Prise schwarzer Pfeffer
Eis

SO GEHT'S

Von der Gurke eine Scheibe längs abhobeln. Ein Glas mit Eis füllen. Gin und Gurke hineingeben. Mit Tonic auffüllen und zum Schluss etwas schwarzen Pfeffer darübermahlen.

FAULE SOMMERMITTAGE

WENN MAN FREIHAT, will man einerseits keine Zeit fürs Essenplanen aufwenden, andererseits aber leckere Mahlzeiten genießen – weil man ja endlich Zeit dafür hat. Manchmal wird aus dem Frühstück ein Mittagessen und aus dem Mittagessen das Abendessen. Ich finde, dass es gerade dann besonders clever ist, wenn man die Reste zusammenwerfen und etwas Neues daraus machen kann.

Mein banalster, aber auch bester Trick ist, immer etwas zu viel zu kochen und sogar etwas vor dem Servieren beiseitezustellen. Außerdem habe ich immer verschiedene Dips im Kühlschrank. Auf Seite 133 habe ich Rezepte für Dips gesammelt, die zu allem passen – behaupte ich einfach mal. Etwas Fleisch vom gestrigen Grillabend zusammen mit einem Dip, Salat und Brot: Das ist in Nullkommanix fertig und doch eine komplette Mahlzeit.

In einen Salat passt fast alles, und ein Salat wird umso interessanter durch Saucen, Dressings und Zutaten mit unterschiedlicher Konsistenz. Damit meine ich Nüsse, Samen und Brot, und alles kann man auch mit Kräutern in Öl anbraten. Das macht satt und ist auch noch dekorativ.

Obst im Essen? Ja, bitte! Ich finde, das ist die größte und schönste Überraschung, die man auf dem Teller entdecken kann. Außerdem ist Obst hübsch anzusehen und bunt. Erdbeeren mit Feta, Nektarinen mit Mozzarella, Äpfel mit unterschiedlichen Sorten Schweinefleisch, Birnen mit Wurzelgemüse und so weiter. Ein anderer Tipp ist, Obst und Gemüse zu braten oder zu grillen, von dem man das wirklich nicht erwartet hat: etwa Salat, Gurke, Wassermelone oder Weintrauben. Das geht ruckzuck, bloß 3–5 Minuten in der Pfanne oder auf dem Grill. Dazu passt griechischer oder türkischer Joghurt, der im Grunde schon eine fertige Sauce ist. Für etwas Süßes noch Honig und Nüsse dazu oder für etwas Herzhaftes Kräuter, Knoblauch und Salz.

Voilà – es ist also möglich, faul zu sein und trotzdem etwas Unerwartetes und Neues hinzubekommen, das nicht mal viel Zubereitungszeit braucht.

Perlcouscous mit scharfen Tomaten und Joghurt

Manchmal braucht man bei den Kohlenhydraten ein bisschen Abwechslung. In so einem Moment fällt mir Perlcouscous ein. Er ist wie Pasta, aber eben in Perlenform. Er muss länger kochen als normaler Couscous, daher ist es wieder mal ein guter Tipp, gleich etwas mehr zu machen. Perlcouscous passt auch super zu allen Gerichten, bei denen man sonst Pasta nimmt. Ich brate die Tomaten, weil ich das einfach so lecker finde, und serviere alles mit kaltem, frischem Joghurt.

1 PORTION

120 g Perlcouscous (auch erhältlich unter dem Namen Moghrabieh)
Olivenöl
10 Cocktailtomaten
1 TL Zitronensaft
1 Msp. Urfa biber oder normale Chiliflocken
2–3 EL türkischer oder griechischer Joghurt
1 EL gehackte Minze
Salz und schwarzer Pfeffer

SO GEHT'S

Den Couscous nach Packungsangabe zubereiten.

Olivenöl in einer Pfanne erhitzen. Die Tomaten halbieren und mit der Schnittfläche nach unten in die Pfanne legen. Auf mittlere Hitze schalten und die Tomaten ca. 7 Minuten braten.

Den Zitronensaft darüberpressen und Chili und eine Prise Salz daraufstreuen. Die Tomaten in der Pfanne lassen, damit sie warm bleiben.

Den fertigen Couscous in einen Teller geben, in die Mitte eine Kuhle drücken und den Joghurt hineinlöffeln. Die Tomaten auf den Joghurt legen, mit Minze bestreuen, etwas Olivenöl darüberträufeln und zum Schluss eine Prise schwarzen Pfeffer daraufmahlen.

ZEITSPAR-TIPP

Anstatt Perlcouscous normalen Couscous nehmen und den direkt im Teller zubereiten, indem man kochendes Wasser darübergießt und ihn ein paar Minuten ziehen lässt.

Tomatensalat mit Burrata

Dieses Mittagessen ist das schnellste und tollste, das man machen kann. Vor allem im Sommer, wenn es heimische Tomaten in allen Farben und Formen gibt. In diesem Rezept benutze ich Burrata, einen sehr sahnigen Mozzarella, aber Sie können natürlich auch normalen Mozzarella nehmen.

1 PORTION

mindestens 3 mittelgroße Tomaten oder eine entsprechende Menge unterschiedlicher Größen
1 Burrata
1½ EL Olivenöl
6 Blätter frisches Basilikum
1 Prise grobes Salz
schwarzer Pfeffer nach Geschmack

SO GEHT'S

Die Tomaten schneiden und in einer Schüssel oder auf einem Teller anrichten.

Die Burrata darauflegen und Olivenöl darübergießen.

Salzen und pfeffern und zum Schluss Basilikum darüberstreuen.

Dazu passt getoastetes Weißbrot mit oder ohne Aufstrich. Und gönnen Sie sich als Minidessert ein kleines Gebäck oder einen Keks.

VARIANTEN

» *Petersilie oder Dill statt Basilikum.*
» *Ein paar Tropfen Essig, wenn die Tomaten nicht genug Geschmack haben.*
» *Mozzarella statt Burrata.*

Salat mit Fladenbrot, Hirtenkäse und Granatapfel

Fladenbrot! Ich kann gar nicht zählen, wie viele Mittagessen ich damit schon zubereitet habe. Es ist gut, so wie es ist, und perfekt, um es zu füllen. Aber es wird schnell trocken, und dann kann man es super im Ofen braten, mit etwas Öl und zum Beispiel Zatar, einer Gewürzmischung aus dem Nahen Osten. Dann nur noch aufbrechen und einen Salat dazu essen. Das macht satt, man hat trockenes Brot verbraucht, und der Salat wird deutlich interessanter und würziger. Ich habe hier Hirtenkäse genommen, der erinnert an Feta, wird aber meist aus Kuhmilch hergestellt und ist etwas milder. Diesen Salat kann man super bei einem Mittagessen mit Freunden servieren, deswegen ist das hier ein Rezept für zwei Personen. Es ist auch praktisch, um gleich die gesamte Verpackungsgröße aufzubrauchen.

2 PORTIONEN

1 Fladenbrot
1 TL Zatar
1 Tüte fertiger Salatmix (ca. 150 g)
¼ Granatapfel
150 g Hirtenkäse
½ rote Zwiebel oder 1 Frühlingszwiebel
3 EL Zitronensaft
Olivenöl für die Gewürzmischung und zum Servieren
Salz und schwarzer Pfeffer

SO GEHT'S

Den Backofen auf 175 °C vorheizen. Das Brot auf ein Blech mit Backpapier legen. Zatar mit 1 EL Olivenöl mischen und auf dem Brot verteilen oder aufstreichen. Je nach Dicke des Fladenbrots 5–10 Minuten im Ofen backen. Es sollte danach trocken und leicht zu zerbrechen sein.

Den Salat in eine Schüssel geben und die Granatapfelkerne direkt über dem Salat herausdrücken, dadurch kommt auch etwas Saft dazu.

Den Hirtenkäse darüberbröckeln und die dünn geschnittene Zwiebel dazugeben. Zitronensaft und 1 guten EL Olivenöl daraufträufeln.

Das Brot in Stücke brechen und auf den Salat legen. Mit Salz und Pfeffer abschmecken.

VARIANTEN

» *Feta statt Hirtenkäse.*
» *Säuerliche Apfelwürfel statt Granatapfel.*
» *Statt Zatar: Würzen Sie das Fladenbrot mit Knoblauchöl – oder wieso nicht mal Tacogewürz ausprobieren?*

Huhn in Harissa-Joghurt-Sauce mit Gurke und Minze

Wenn Sie vom Grillen gestern noch etwas Huhn übrighaben, dann ist dieses Rezept ideal. Ich flache das Fleisch mit einem Nudelholz ab, damit es weicher wird und sich dann leicht in Stücke reißen lässt. Auf diese Weise nimmt es noch mehr von der Joghurtsauce auf. Harissa habe ich immer im Haus. Es ist eine stark gewürzte, nordafrikanische Würzpaste mit viel Chili. Ich kombiniere sie oft mit Kreuzkümmel, so auch bei diesem Rezept.

1 PORTION
¼ Gurke
1 TL Essigessenz oder Essig
1 EL gehackte Minze
½ TL Sumach
½ zubereitetes Hühnerbrustfilet (ca. 70 g)
2 EL türkischer Joghurt
1 TL Harissa
½ TL Kreuzkümmelpulver
1 Knoblauchzehe, fein gehackt
1 Handvoll Salat nach Wahl
1 EL Olivenöl
Salz und schwarzer Pfeffer

SO GEHT'S

Die Gurke dünn hobeln und in eine Schüssel geben. Den Essig daraufgießen, Minze, Sumach und eine Prise Salz darüberstreuen, mit Frischhaltefolie abdecken und etwas zum Pressen daraufstellen, zum Beispiel einen Mörser. Wenn Sie nichts Passendes haben, dann drücken Sie alles mit der Hand zusammen.

Das Huhn unter Backpapier legen und mit einem Nudelholz platt drücken. Das Fleisch mit den Fingern auseinanderzupfen.

Joghurt, Harissa, Kreuzkümmel und Knoblauch mischen. Eine Prise Salz dazugeben und mit dem Huhn verrühren.

Den Salat waschen, klein reißen und in eine Schüssel geben. Mit Olivenöl, Salz und Pfeffer mischen. Die Huhnmischung dazugeben und oben auf die gepresste Gurke legen.

VARIANTE

Statt Harissa 1 EL Tomatenmark, das mit Chili, Salz und Knoblauch gewürzt wird.

Feta in knuspriger Semmelbröselkruste mit Avocado-Gurken-Salat

Gebratener Feta ist einfach superlecker. Ich finde, er wird dadurch milder. Hier passen Semmelbrösel perfekt – gerne mit Chili gewürzt. Wenn Sie es richtig nobel möchten, können Sie den Käse auch klassisch panieren, mit Mehl, Eiern und Semmelbröseln. Aber wenn Sie es eilig haben, dann drücken Sie die Brösel einfach fest auf den Käse.

1 PORTION

¼ Gurke
½ Avocado
1 TL Weißweinessig
Olivenöl fürs Dressing und zum Anbraten
1 TL Honig
1 Feta (ca. 150 g)
2 EL Semmelbrösel oder Panko
½ EL Thymianblättchen
Salz und schwarzer Pfeffer

SO GEHT'S

Die Gurke in 0,5 cm dicke Scheiben und dann in Halbmonde schneiden. Die Avocado in ungefähr gleich große Stücke schneiden.

Den Essig mit 1 EL Olivenöl, 1 Msp. Salz, 1 Prise Pfeffer und dem Honig verrühren. Das Dressing mit Gurke und Avocado mischen.

Den Feta diagonal durchschneiden und die Semmelbrösel in einen Teller geben. Den Feta darin andrücken, damit möglichst viel kleben bleibt.

Eine kleine Pfanne mit Olivenöl erhitzen. Den Käse hineinlegen und bei mittlerer Hitze 1–2 Minuten auf jeder Seite braten, damit er Farbe bekommt und knusprig wird.

Den Käse auf einen Teller legen, Thymian darüberstreuen und den Gurkensalat daneben anrichten.

ABWASCH- UND GERUCHS-SPARTIPP
Wenn Sie die Zeit dafür haben, dann braten Sie den Käse mit Öl auf Backpapier im Ofen, 15 Minuten bei 225 °C.

EIER

DIE VIELSEITIGSTE ZUTAT SCHON PORTIONIERT VERPACKT

Ich liebe Eier. Sie können Sauce werden, Schaum, knusprig, Dip, Creme, Omelett oder Bindemittel – und sie haben die weltbeste Haltbarkeit. Ja, Eier können ALLES, was ich liebe!

EIER POCHIEREN

Ein pochiertes Ei ist Ei und Sauce in einem. Es dauert nur 3 Minuten, und man umgeht auch noch die Fummelei beim Schälen. Niemand kann der Verlockung widerstehen, ein cremiges Eigelb einzuschneiden und es über das Essen laufen zu lassen. Mit fällt wirklich nichts ein, das nicht zu einem pochierten Ei passt, und ich finde es sehr schade, dass immer noch viele Leute glauben, Pochieren sei schwierig. Seit ich einen Trick gelernt habe, wie es ganz einfach geht, gibt es bei mir ständig pochiertes Ei. Auf S. 84 bzw. 125 verrate ich den Trick.

VERDORBENE EIER

Nein, es ist fast unmöglich, ein Ei so lange aufzuheben, dass es verdirbt. Eier halten bei Zimmertemperatur einen Monat und im Kühlschrank bis zu drei. Vermutlich länger, aber wir sollten uns doch an gewisse Richtlinien halten und ein länger gelagertes Ei lieber gut durcherhitzen. Einmal gekocht, sollten Eier allerdings innerhalb einer Woche verzehrt werden.

EIER SCHÄLEN

Manchmal will man ja gar kein superfrisches Ei. Wenn man es zum Beispiel hart gekocht hat und dann schälen möchte. Bei frisch gelegten Eiern ist das schwierig, denn die Innenhaut liegt noch eng an der Schale an. Schon nach einer Woche geht es deutlich leichter. Ein anderer Trick ist, das Ei in einer Schale mit kaltem Wasser zu schälen. Wenn nur ein bisschen Wasser zwischen Schale und Eiweiß eindringt, wird es sofort einfacher.

EIER KOCHEN

Haben Sie auch schon mal damit angegeben, wie perfekt Ihnen Eier gelingen, bloß um dann beschämt dazustehen, als Sie sie auf einem anderen Herd gekocht haben? Die sicherste Methode ist, das Ei in bereits kochendes Wasser zu geben und dann die Eieruhr auf die gewählte Zeit zu stellen.

5 Minuten – ein schön weich gekochtes Ei, perfekt, um Brotstangen hineinzustippen.
7 Minuten – eine lockere Mitte, aber das Ei lässt sich schon in Scheiben schneiden.
Alles über 9 Minuten – dann ist das Ei meiner Meinung nach hart gekocht.

RÜHREI

Hier teilt sich die Menschheit in zwei Gruppen: diejenigen, die es soßig möchten, und dann wir, die es schaumiger und mit mehr Struktur lieben. Ich will mich da gar nicht weiter einmischen, aber ein bisschen Milch dazuzugeben, Crème fraîche oder auch Ricotta und das Ei vorsichtig in der Pfanne bei niedriger bis mittlerer Hitze zu wenden, ist nie eine schlechte Idee. Ich sag's ja bloß …

OMELETT

Käse-Omelett, denke ich da sofort. Denn in Schweden bereiten wir Omelett gern mit Käse zu. Wie schön – hier finden also meine beiden Lieblingszutaten zusammen. Omelett war das Erste, das meine Kinder zubereiten konnten, gleichzeitig gehört es typischerweise zur Gesellenprüfung eines Kochs. Machen Sie es so, wie Sie möchten. Ich finde allerdings, dass ein Omelett mit ein paar Dreingaben, irgendeinem Rest und etwas Käse, besser wird.

DER BESTE KLEBSTOFF

Ich liebe es, aus diversen Resten Puffer zu backen. Puffer brauchen ein Ei, hohe Temperatur und gern etwas Semmelbrösel. Wenn Sie nur wenige backen wollen, dann ist das der ultimative Tipp: Nutzen Sie das Eiweiß für die Puffer und das Eigelb für Mayonnaise dazu.

Belugalinsen mit Spargel und pochiertem Ei

Wenn die Spargelsaison anbricht, stehe ich ganz vorn in der Schlange. Ich liebe das Quietschen eines Bunds frischen Spargels. Gekocht, gebraten, gegrillt, gehobelt – alles geht. Für ein schnelles Mittagessen brate ich den Spargel in Olivenöl oder koche ihn schnell in leicht gesalzenem Wasser. Bei diesem Rezept verwende ich Belugalinsen und koche immer etwas mehr, für weitere Mittagessen.

1 PORTION
85 g trockene Belugalinsen
1 Ei
1 TL Essigessenz
ein paar Stangen grüner Spargel
Olivenöl zum Braten und Servieren
Saft einer ¼ Zitrone
2 EL geriebener Parmesan
Salz und schwarzer Pfeffer

SO GEHT'S
Die Linsen nach Packungsangabe kochen.

Das Ei in eine kleine Tasse aufschlagen und den Essig darübergießen. Stehen lassen, während der Rest vorbereitet wird.

Den harten Teil des Spargels abbrechen. Dafür mit dem Finger erfühlen, wo die Stange hart wird, und dort brechen.

Den Spargel bei recht hoher Hitze 3–4 Minuten in Olivenöl anbraten. Gleichzeitig das Wasser für das Ei aufkochen. Es sollte das Ei gut bedecken, ungefähr 7 cm sollten reichen.

Wenn der Spargel gar ist, zusammen mit den Linsen auf einen Teller legen.

Jetzt ist das Ei dran. Es wird zusammen mit dem Essig direkt ins kochende Wasser gegeben, dann wird die Hitze heruntergeschaltet. Das Ei 3 Minuten sieden (nicht kochen) lassen. Mit einem Schaumlöffel herausheben und auf den Spargel legen.

Den Zitronensaft und das Olivenöl darübergießen, dann Parmesan und Pfeffer daraufstreuen.

VARIANTEN
- *Den Spargel in leicht gesalzenem Wasser 3 Minuten kochen und 1 Minute in kaltes Wasser legen.*
- *Pecorino, Feta- oder Västerbotten statt Parmesan.*
- *Ein paar Tropfen Balsamico statt Zitronensaft.*
- *Sie können auch etwas Brot im Öl anbraten und damit ein Spargelsandwich machen.*

GANZ EINFACH EIER POCHIEREN
Auch, wenn ich mich wiederhole: Von pochierten Eiern bekomme ich nie genug. Sie sind eine »Instantsauce« und, entgegen einem weit verbreiteten Irrtum, gar nicht schwierig zuzubereiten. Es geht schneller, als ein Ei zu kochen, und man spart sich das Schälen.

P

Omelettwrap mit scharfer Wurst

Wenn Sie diesen Wrap einmal zubereitet haben, werden Sie merken, dass man ihn unendlich variieren kann. Benutzen Sie als Füllung einfach, was Sie zu Hause haben: verschiedene Käsesorten, Kimchi, Ajvar, Pesto, Mozzarella … In diesem Rezept verwende ich italienische Nduja, eine scharfe Streichwurst. Man kann sie im Glas oder eingeschweißt kaufen. Wenn Sie kein Fladenbrot bekommen, nehmen Sie einfach Tortillawraps.

1 PORTION
2 Eier
1-2 TL Nduja
1 dünnes Fladenbrot
Olivenöl
40 g Parmesan, gerieben
Salz und schwarzer Pfeffer

SO GEHT'S

Die Eier aufschlagen und leicht verrühren. Nach Geschmack salzen und pfeffern. Nduja auf das Brot streichen.

In einer Pfanne, die groß genug für das Brot ist, Olivenöl erhitzen. Die Eier hineingeben – sie sollen die ganze Pfanne ausfüllen. Auf mittlere Hitze herunterschalten. Etwas im Ei stochern, damit Luft hineinkommt, dann den Parmesan daraufstreuen und schließlich das Brot auf alles legen und noch 2 Minuten weiterbraten.

Einen Teller auf die Pfanne legen und alles wenden. Das Brot ist dann also ganz unten und man kann es aufrollen.

Den Wrap in mundgroße Stücke schneiden. Gern mit einem Salat servieren. Und zum Nachtisch die Freitagsleckerei essen.

FREITAGSLECKEREI

GEBRATENES GEBÄCK VON GESTERN MIT WARMEN BEEREN UND HALB-STEIFER SAHNE

Eine Zimtschnecke, die zwar noch gut, aber doch schon etwas trocken ist, kann man in Scheiben schneiden und in 1 TL Zucker und 1½ EL Butter anbraten – klar, dass sie dadurch doppelt so lecker wird! Dazu 30 g TK-Beeren, die mit 1 EL Zucker aufgekocht wurden, und etwas halbsteife Sahne. Eine Leckerei, die noch dazu der Resteverwertung dient!

Sobanudeln mit Brokkoli und Ei mit »Sauceneffekt«

Sobanudeln haben eine Kochzeit von 3 Minuten! Das allein ist Grund genug, sie in dieses Buch aufzunehmen. Außerdem sind sie richtig lecker, und man kann sie warm und kalt essen. Sie bestehen aus Buchweizen, wodurch sie einen kräftigeren Geschmack haben als andere Nudeln. Die Sauce bilden Ei plus Chiliöl.

1 PORTION
1 Ei
1 TL Essigessenz
ca. 100 g Brokkoli
ca. 50 g Sobanudeln
1 EL japanische Sojasauce
1 TL Sesamöl
2 EL Chiliöl (S. 82)
½ Frühlingszwiebel, in dünnen Streifen
Salz

SO GEHT'S
Salzwasser für die Nudeln aufkochen. Gleichzeitig das Wasser für das Ei aufkochen. Es sollte das Ei gut bedecken, ungefähr 7 cm sollten reichen.

Das Ei in eine kleine Tasse aufschlagen und den Essig darübergießen. Stehen lassen, bis es gekocht wird.

Den Brokkoli in Röschen teilen.

Wenn das Nudelwasser kocht, die Nudeln hineingeben und 3 Minuten kochen. Die Nudeln herausnehmen und in ein Sieb legen, aber das Wasser nicht auskippen, weil jetzt der Brokkoli darin gekocht wird. Die Nudeln schnell mit kaltem Wasser abschrecken und abtropfen lassen.

Den Brokkoli 3 Minuten im Nudelwasser kochen, wenn man noch etwas Bisswiderstand möchte, ansonsten 4–5 Minuten.

Nudeln mit Brokkoli anrichten und Sojasauce und Sesamöl darübergießen.

Das Ei mit dem Essig direkt ins kochende Wasser geben, dann wird die Hitze heruntergeschaltet, 3 Minuten sieden (nicht kochen) lassen.

Das Ei mit einem Schaumlöffel herausheben und auf die Nudeln legen. Das Chiliöl daraufträufeln und die Frühlingszwiebel darüberstreuen.

VARIANTEN
- *Sriracha-Sauce oder süße Chilisauce statt Chiliöl.*
- *Gerösteten Sesam und Koriander dazugeben, einfach, weil's schmeckt.*

ABWASCH-SPARTIPP
Bei schnellen Mittagessen geht es auch darum, weniger abspülen zu müssen. Daher kocht man hier Brokkoli und die Nudeln im selben Wasser. »One Pot« geht schließlich auch nacheinander!

Kein gewöhnliches Sandwich

Ohne die eingelegten Senfkörner wäre es wohl doch ein ganz gewöhnliches Sandwich. Aber jetzt eben nicht, weil Sie lernen, wie man Senfkörner einlegt, um aus dem Gewöhnlichen etwas Außergewöhnliches zu machen. Senfkörner sollten ein paar Stunden ziehen, aber sie sind schnell eingelegt, sodass man sie leicht am Abend vorher vorbereiten kann. Wenn Sie dann eingelegte Senfkörner im Kühlschrank haben, werden Sie die zu allem Möglichen ausprobieren und feststellen, dass sie meistens passen. Im Kühlschrank halten sie sich mindestens zwei Wochen.

1 PORTION
Olivenöl zum Braten
1 dicke Scheibe Brot
1 TL Dijonsenf
1 EL Butter zum Braten
1–2 Eier (je nachdem, wie groß der Hunger ist)
1 EL Milch
2–3 Scheiben Räucherschinken
Salz und schwarzer Pfeffer

Für den Senfkaviar
1 EL Essigessenz
2 EL Zucker
2 EL Senfkörner

SO GEHT'S

Essig, Zucker und 3 EL Wasser in ein Gefäß mit Deckel geben und schütteln, bis sich der Zucker aufgelöst hat. Dann die Senfkörner dazugeben und ein paar Stunden bzw. über Nacht durchziehen lassen.

In einer kleinen Pfanne bei mittlerer Hitze knapp 1 EL Öl erwärmen und das Brot 1 Minute auf jeder Seite braten. Auf einen Teller legen und mit Dijonsenf bestreichen.

Die Pfanne zurück auf den Herd stellen und Butter hineingeben. Auf mittlere Hitze herunterschalten.

Das Ei oder die Eier mit Milch verrühren, aber nicht schaumig schlagen. Die Mischung in die Pfanne geben und vorsichtig umrühren, bis die Masse stockt, aber noch cremig ist. Mit einer Prise Salz und schwarzem Pfeffer würzen und auf die Brotscheibe legen. Den Schinken und 1 TL der eingelegten Senfkörner dazugeben.

VARIANTEN

» *Schnittlauchröllchen peppen fast alles auf.*
» *Die eingelegten Senfkörner können durch in Essig eingelegtes Gemüse wie Gurken oder Perlzwiebeln ersetzt werden.*

Rettende Dips

Dips sind einfach genial, um etwas aufzufüllen oder zu verbinden. Sie wissen schon – wenn man alles Mögliche hat, aber keine komplette Mahlzeit. Im Sommer stehen bei mir lauter unterschiedliche Dips im Kühlschrank, die ich dann zu Brot, etwas Gegrilltem oder im Salat esse. Eigentlich passen diese Dips zu allem. Man kann sie sogar in eine Tomatensauce rühren, um diese zu variieren.

SCHWARZE-BOHNEN-TAPENADE

1 Dose schwarze Bohnen (ca. 380 g)
5 Sardellenfilets
10 Kalamata-Oliven
1 Knoblauchzehe
2 EL gehackter Thymian
Saft von ½ Zitrone
3 EL Olivenöl
Salz und schwarzer Pfeffer

SO GEHT'S

Die Bohnen abgießen, aber etwas vom Sud auffangen, falls man den Dip später flüssiger machen möchte. Alle Zutaten in einem Mixer halb glatt pürieren. Mit Salz und Pfeffer abschmecken. Eventuell mehr Olivenöl oder Bohnensud für eine dünnere Konsistenz hinzufügen.

CANNELLINIDIP

1 Dose Cannellinibohnen (ca. 380 g)
1 Knoblauchzehe
Saft von 1 Zitrone
2 EL gehackte Petersilie
2 EL Olivenöl
Salz und schwarzer Pfeffer

SO GEHT'S

Die Bohnen abgießen, aber etwas vom Sud auffangen, falls man den Dip später flüssiger machen möchte. Die Bohnen mit den restlichen Zutaten in einem Mixer glatt pürieren. Mit Salz und Pfeffer abschmecken. Eventuell mehr Bohnensud für eine dünnere Konsistenz hinzufügen.

SÜSSKARTOFFELDIP

2-3 Süßkartoffeln (ca. 500 g)
1 weiße oder rote Zwiebel
Saft einer ½ Limette
2 EL Olivenöl
1 TL Chiliflocken
2 EL gehackter Koriander
1 Frühlingszwiebel, gehackt
Salz

SO GEHT'S

Den Ofen auf 220 °C vorheizen. Die Süßkartoffeln und die geschälte Zwiebel halbieren. Auf ein geöltes Backblech geben und mit einer Prise Salz bestreuen. 25 Minuten garen. Wenn die Süßkartoffeln weich sind, die Schale abziehen und mit Zwiebel, Limettensaft, Öl und Chili mixen. Mit Salz abschmecken. Abkühlen lassen und gehackten Koriander und Frühlingszwiebel daraufstreuen.

Toast mit gebratenem Halloumi und Paprikasauce

Ich finde die »rote Sauce« beim Kebab so lecker. Irgendwann frage ich mal nach dem Rezept, aber bis dahin ist das hier eine richtig gute und würzige Sauce, die zu Fleisch passt, sich aber auch in Wraps und zusammen mit einer Tahin-Sauce auf einem satt machenden Salat gut macht. Wieder ist Ajvar die Grundlage.

1 PORTION
1 EL Olivenöl
1-2 Scheiben Brot
100-150 g Halloumi
1-2 Handvoll Salat nach Wahl
1-2 Tomaten, in Stücke geschnitten oder 10 kleine Cocktailtomaten, geviertelt

Für die Paprikasauce
2 EL Ajvar
1 TL Harissa
1 TL Zitronensaft
1 Knoblauchzehe
½ TL Kreuzkümmelpulver
1 EL Olivenöl
Salz

SO GEHT'S

Alle Saucenzutaten in einer Schüssel mischen und mit einem Pürierstab luftig vermixen. Eventuell mit Salz abschmecken.

Bei mittlerer Hitze das Olivenöl in einer Pfanne erhitzen. Das Brot auf jeder Seite je 1 Minute braten. Es soll ein bisschen Farbe bekommen.

Den Halloumi in Stückchen schneiden und mit Küchenpapier abtrocknen. Ein paar Tropfen Öl daraufgeben und in die warme Pfanne legen. 1–2 Minuten auf jeder Seite braten, bis der Käse ordentlich Farbe bekommt.

Salat und Tomaten auf einem Teller anrichten. Brot und Halloumi darauflegen und die Sauce darübergießen.

VARIANTEN

» *Sollten Sie noch etwas Tahin-Sauce von S. 83 im Kühlschrank haben, wird's mit einer rot-weißen Doppelsauce noch üppiger.*
» *Paneer statt Halloumi.*

Geröstete Karotten mit Hummus

Es gibt ganz guten Hummus zu kaufen, aber wenn man mal angefangen hat, ihn selbst zu machen, merkt man den Unterschied. Jeder hat sein eigenes Hummusrezept, und meins variiert ständig. Manchmal würze ich mit Chili, Sumach, Harissa oder Petersilie. Man kann ganz viel ausprobieren, aber es ist immer gut, ein Grundrezept als Ausgangspunkt zu haben. Ein Mixer ist eine schnelle Abkürzung, aber natürlich kann man die Kichererbsen auch mit einem Mörser zerstampfen. Und da ich es bisher noch nicht gesagt habe, ist es jetzt Zeit: Zu Karotte passt Kreuzkümmel unglaublich gut, deshalb kommt der auch dazu!

1 PORTION
3 Karotten
Olivenöl zum Braten und Anrichten
1 TL Kreuzkümmelsamen
grobes Salz

Für den Hummus
70 g Tahin
1 Knoblauchzehe
½ TL Kreuzkümmelpulver
Saft von 1 Zitrone
ca. ½ TL Salz
1 Dose/Glas Kichererbsen (ca. 380 g)
3 EL Olivenöl
2–3 EL Kichererbsensud

SO GEHT'S
Den Backofen auf 225 °C vorheizen.

Die Karotten müssen nicht geschält, aber gut gewaschen werden, dann längs vierteln. Die Stücke auf ein Backblech mit Backpapier legen und 1 EL Olivenöl sowie die Kreuzkümmelsamen darübergeben. Ca. 15 Minuten im Ofen braten, je nachdem, wie dick die Karotten sind. Sie sollten an den dünnsten Stellen fast verbrannt aussehen.

Für den Hummus zuerst Tahin, Knoblauch, Kreuzkümmel, Zitrone und Salz mit einem Pürierstab zu einer fluffigen Sauce vermixen.

Die Kichererbsen abgießen, aber etwas Sud auffangen, um den Hummus eventuell später flüssiger zu machen. Die Kichererbsen mit dem Olivenöl und der Tahin-Mischung in einen Mixer geben und zur gewünschten Konsistenz pürieren. Eine gute Richtlinie ist, dass man den Hummus mit Brot aufnehmen kann, ohne dass er hinunterfließt. Für einen flüssigeren Hummus etwas Kichererbsensud hinzufügen. Mit Salz abschmecken.

Die Karotten aus dem Ofen nehmen, mit dem Hummus anrichten und grobes Salz und extra Olivenöl daraufgeben.

VARIANTE
Falls Sie keine Kichererbsen vorrätig haben, funktioniert es auch mit weißen Bohnen.

Scharfer Thunfisch auf die Hand

Warum schmeckt Thunfisch bloß so lecker und katapultiert uns gleichzeitig in die 1980er zurück? Jedenfalls diejenigen von uns, die damals schon auf der Welt waren. Für mich gehört er auf jeden Fall in die Kategorie Comfort Food. Zu einem »Hot Tuna Melt« mit Unmengen Käse und Kimchi sagt man schließlich nicht Nein. Und ein Wrap eignet sich bestens für herrlich matschige Thunfischcreme mit extra Pepp!

1 PORTION

1 Dose MSC-zertifizierter Thunfisch in Öl (ca. 150 g)
1½ EL Mayonnaise
1 EL türkischer Joghurt oder Crème fraîche
1 TL Chiliflocken
1 Handvoll Salat nach Wahl
¼ Gurke
5–6 Cocktailtomaten
1 EL Olivenöl
½ EL Zitronensaft
1 Tortillawrap
Salz und schwarzer Pfeffer

SO GEHT'S

Das Öl aus der Dose gießen und den Thunfisch mit Mayonnaise und Joghurt vermischen. Mit Chiliflocken und Salz abschmecken.

Den Salat waschen und in mundgerechte Stücke teilen. Die Gurke längs hobeln und die Tomaten klein schneiden. In einer Schüssel mit Olivenöl, Zitronensaft, Salz und Pfeffer mischen.

Den Wrap auf einen Teller legen, den Salat darauf anrichten und den Thunfisch verteilen. Ein paar extra Chiliflocken drüberstreuen. Zusammenrollen und genießen.

REZEPTREGISTER

DANKE!

Wie viele Menschen braucht es, damit ein Kochbuch entsteht? Eine Familie, die unterstützt, Freunde, die ermuntern, und einen Verlag, der an die Idee glaubt. Ihr alle wisst, dass ich euch meine, und ich bin dankbar für eure Unterstützung.

Ein besonderer Dank an diejenigen, die daran mitgearbeitet haben, dieses Buch Wirklichkeit werden zu lassen. Frida für all die schönen Momente in der Bäckerei, wo wir für unsere Nachbarn gekocht und Ideen ausgetauscht haben. Helena und Josefin von instead_of_laundry für all die hübsche Keramik, die mich zu neuen Gerichten inspiriert hat. Helena, meine Pasta-Mentorin, weil du mir die Ruhe und Zufriedenheit beim Kneten, Ausrollen und Erschaffen von Pasta-Magie gezeigt hast. Ulrika für magische Tage im Fotostudio, in dem meine einfachen Mittagessen vor deiner Linse zu Gold wurden. Helena, weil du verstanden hast, was ich mit dem Buch sagen will. Mit fröhlichen Einwänden und einem kritischen Auge hast du dafür gesorgt, dass ich meiner Linie treu bleibe. Emilie für dein gutes Ohr und weil du dem Endergebnis so viel Kreativität, Form und Stil gegeben hast. Ordfront, weil ihr daran geglaubt habt, dass aus meinem Blog ein Buch werden kann.